Francis Picabia

LA PEINTURE MISE À NU

Jean-Louis Pradel

HORS SÉRIE
DÉCOUVERTES GALLIMARD
PARIS MUSÉES

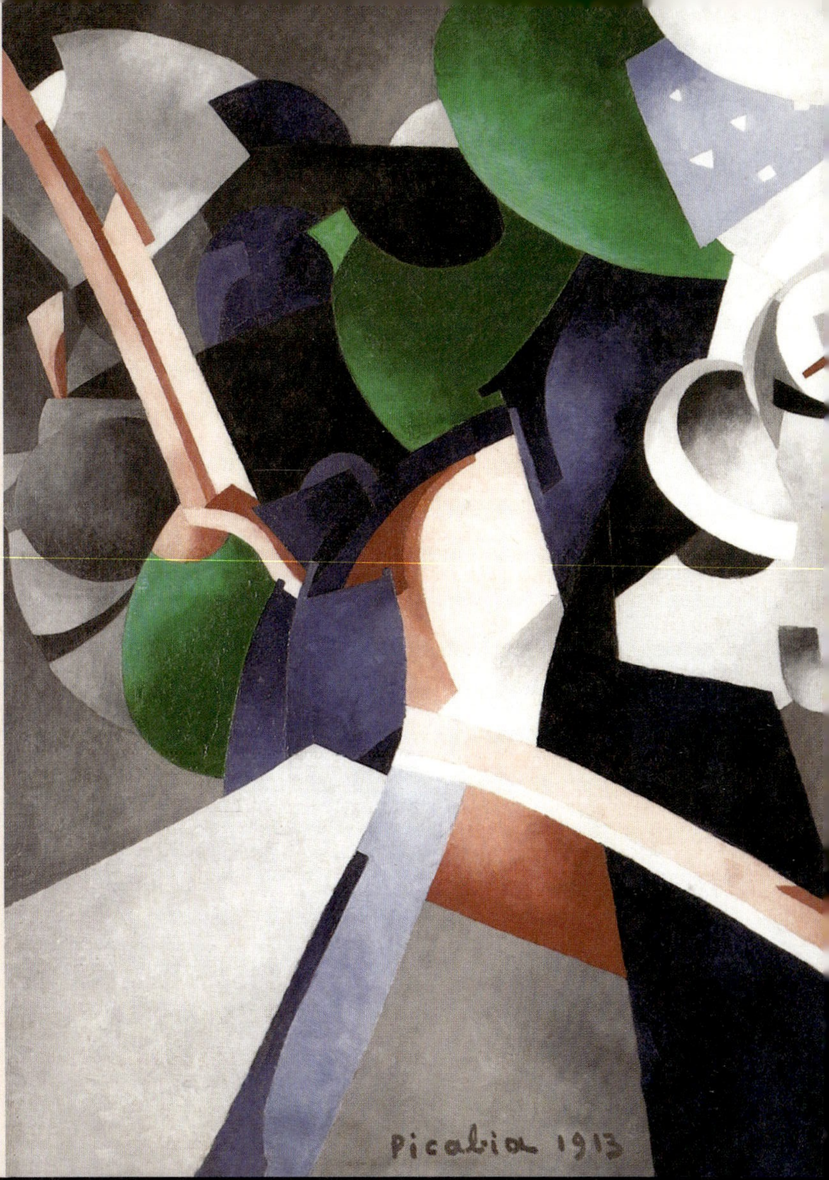

Rien de moins assujetti à la pesanteur que ces structures de ha

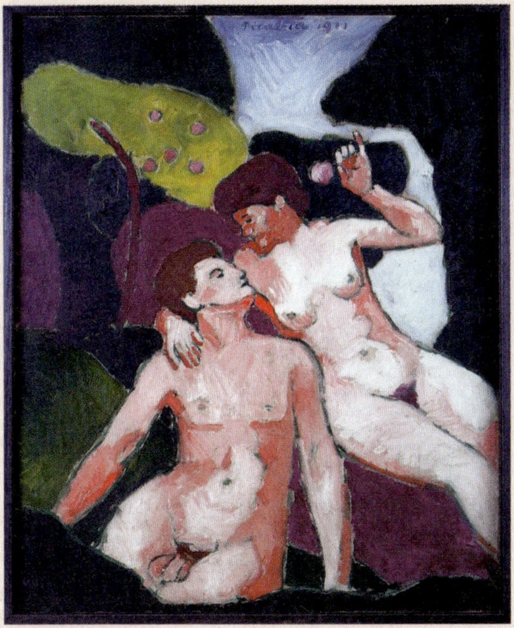

Adam et Eve, 1911

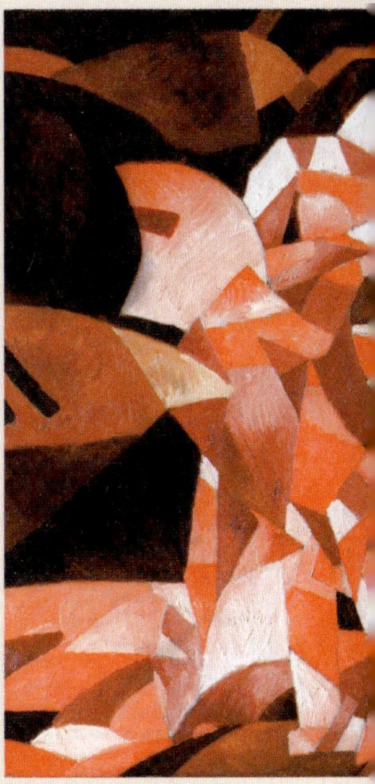

Danses à la source I, 1912

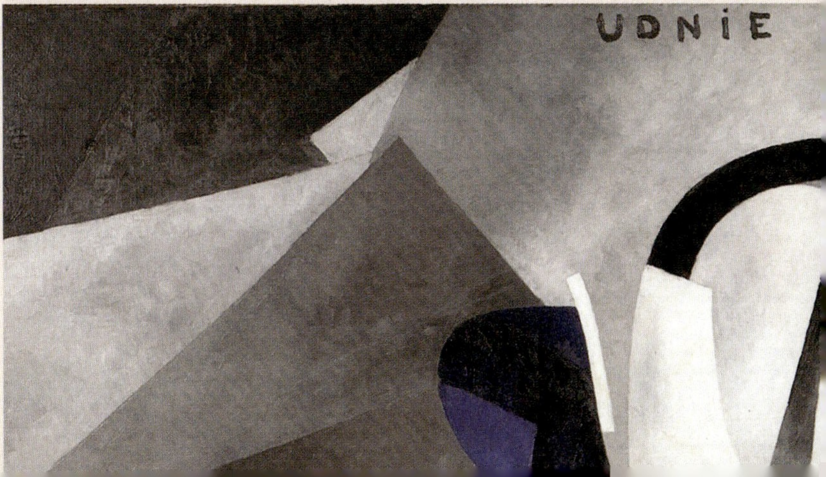

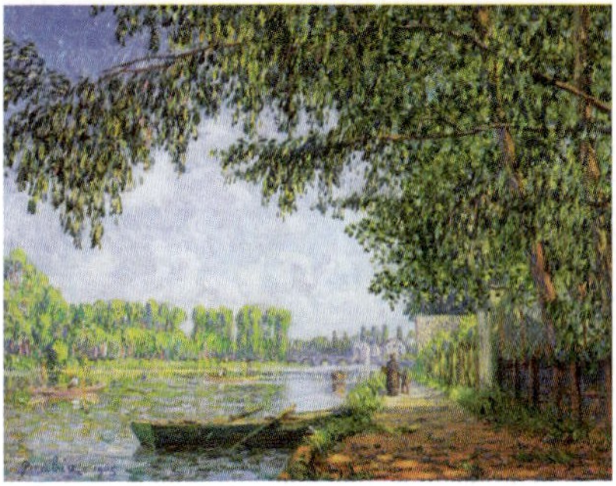

Effet de soleil sur les bords du Loing, Moret, 1905

La morale et le bon goût est un vieux ménage. Ils ont pour enfants la bêtise et l'ennui.

À la manière de…

Mauvais élève, consciencieux et solitaire, Picabia excelle dans la copie des tableaux du très conformiste salon familial avant d'être accueilli, dès 1901, à vingt-deux ans, par l'honorable Salon des Artistes français. Trop bien né pour se mêler à la bohême parisienne, il fait cavalier seul dans les allées balisées du bon goût. Il y décline à grand galop, jusqu'au chromo, toutes les manières d'un impressionnisme de seconde main dont les perversions, aussi assassines que secrètes, ne parviendront pas à lui faire manquer son rendez-vous précoce avec le succès.

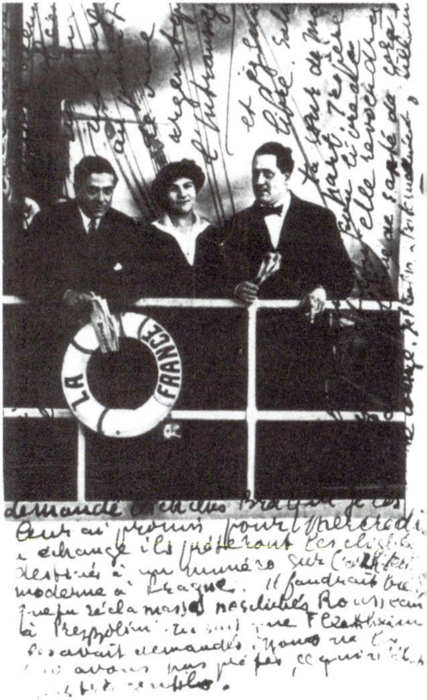

Picabia, Gabrielle Buffet et Guillaume Apollinaire à Luna Park, Paris, 1913.

Saint-Tropez vu de la citadelle, 1909

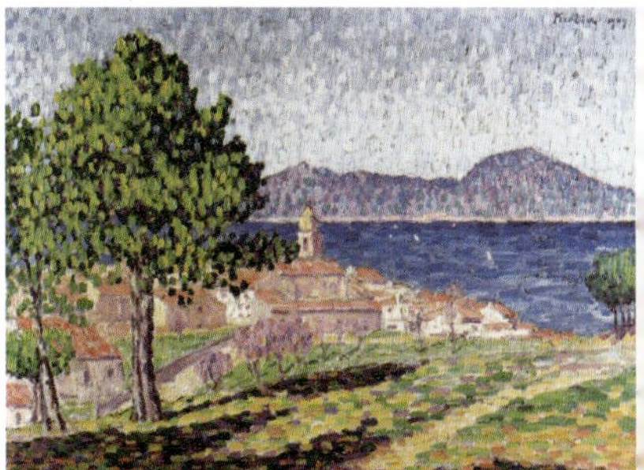

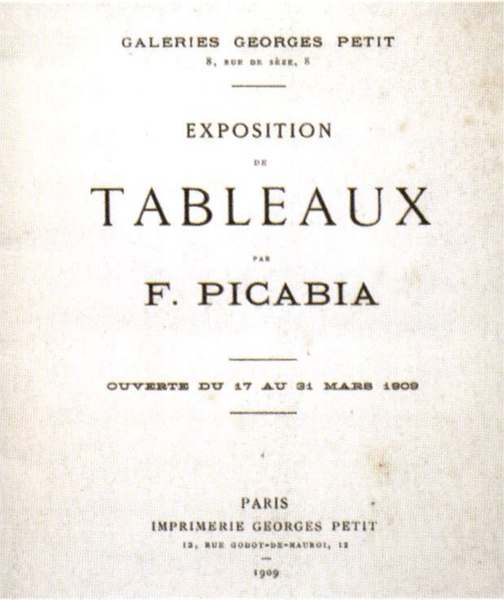
GALERIES GEORGES PETIT
8, RUE DE SÈZE, 8

EXPOSITION
DE
TABLEAUX
PAR
F. PICABIA

OUVERTE DU 17 AU 31 MARS 1909

PARIS
IMPRIMERIE GEORGES PETIT
12, RUE GODOT-DE-MAUROI, 12
1909

L'Église de Montigny, effet de soleil, catalogue de l'exposition *Picabia*, galerie Georges Petit, Paris, 1909

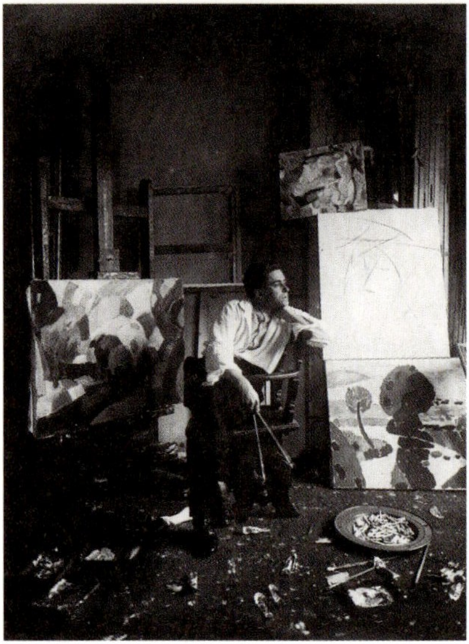

Picabia dans son atelier parisien, 1911-1912

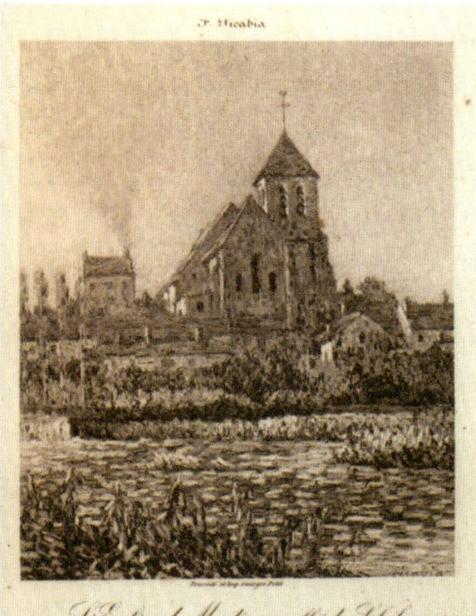

Au moment où l'impressionnisme devient un « genre » doublé d'une « morale », Picabia en dévoie à la fois l'académisme et l'authenticité. Tandis que les catalogues luxueux et les critiques unanimes vantent sa loyauté, sa sincérité et sa fidélité, il joue un tout autre jeu. Non content de plagier Sisley ou Signac, il tourne le dos au motif pour lui préférer le pittoresque stéréotypé des cartes postales. Les poncifs de la peinture commerciale n'y résistent pas, ses clichés tournent au kitsch et Picabia lui-même quitte la partie. En 1909, il épouse Gabrielle Buffet, une musicienne d'avant-garde, et repart à la conquête de la peinture mais cette fois en pionnier d'une voie abstraite inédite. Enrôlé sous l'éphémère bannière de l'Orphisme cher à Apollinaire qu'il rencontre à bord de *La France*, le décor d'un photographe forain, Picabia, pirate repenti de l'impressionnisme mondain, part à l'abordage de New York, triomphe à l'*Armory Show*, et en ramène le jazz et *Udnie*.

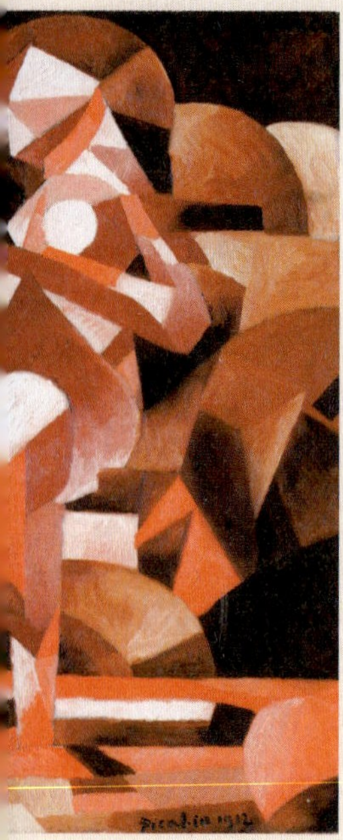

Il ne s'agit point d'abstraction, car le plaisir que ces œuvres se proposent de donner au spectateur est direct. La surprise y joue un rôle important. Va-t-on dire que la saveur d'une pêche n'est qu'une abstraction ? Ces tableaux représentent si peu des abstractions a priori que de chacun d'eux, le peintre pourrait raconter l'histoire.

Guillaume Apollinaire,
Les Peintres cubistes, 1913

Un an après le naufrage du *Titanic*, le tourbillon de la catastrophe à peine refermé, *Udnie* reprend les outils visuels du cubisme et du futurisme pour creuser, au gré des caprices d'une spirale échevelée, un espace chorégraphique vertigineux où s'engouffre le souvenir éblouissant d'une danseuse hindoue de Montparnasse rencontrée, un soir de tempête, sur un transatlantique.

Udnie, 1913

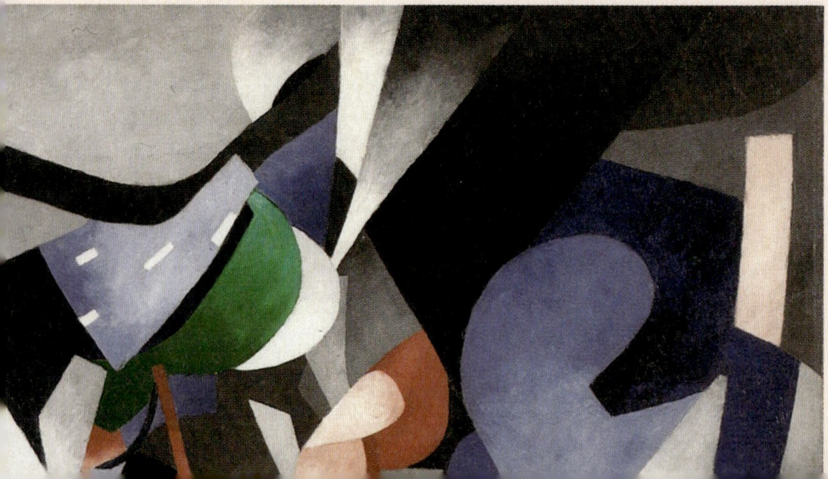

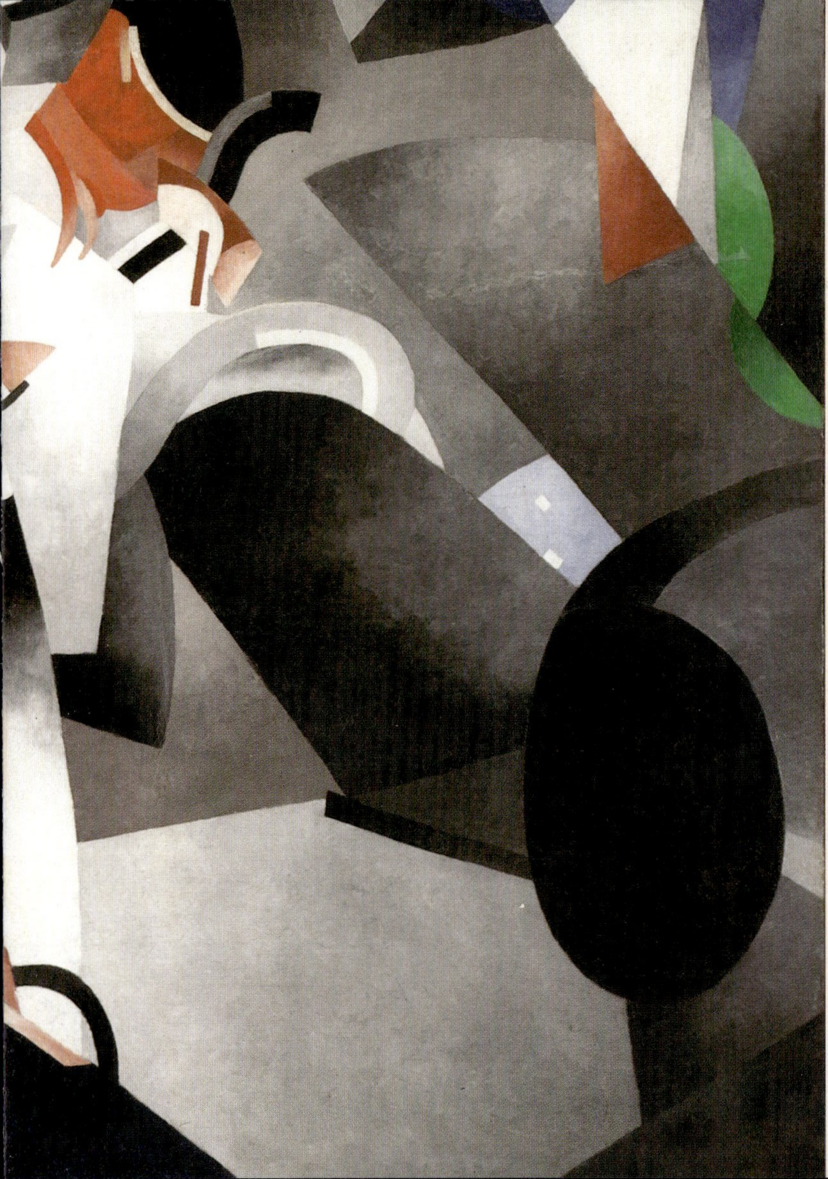

que Picabia a promues tant de fois à l'existence. André Breton

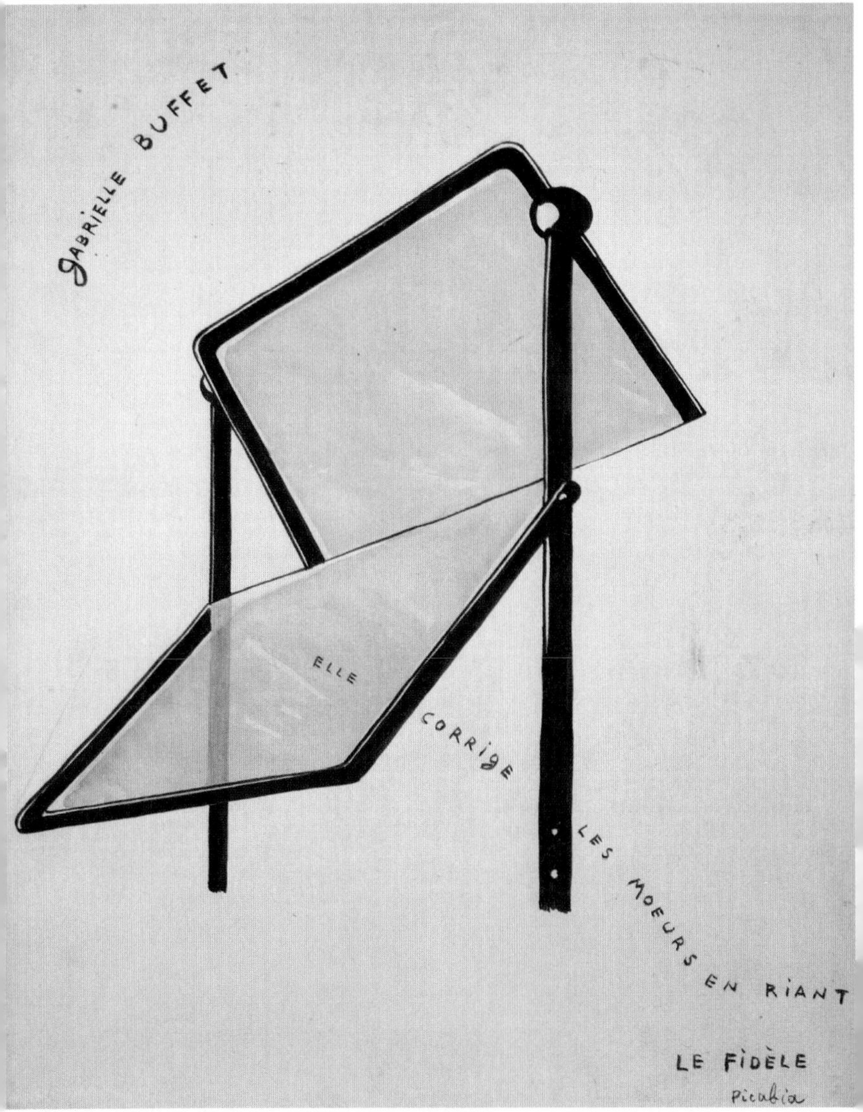

abrielle Buffet, elle corrige les mœurs en riant, 1915

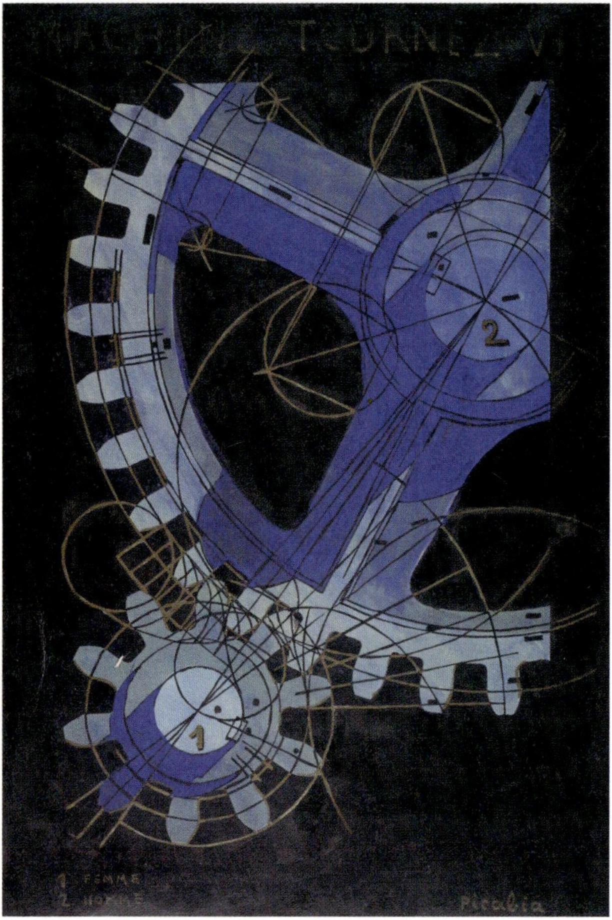

Le sentiment amoureux est un drôle d'engrenage qui n'échappe pas aux figures mécanomorphes, froidement empruntées à des revues de vulgarisation scientifique et technique. L'équivalent machine, évoqué par la reproduction du dessin industriel de l'objet aimé, Gabrielle, est « réchauffé », très subjectivement contredit par l'ambiguïté troublante du titre agrémenté du texte en ruban d'un calligramme en forme de phylactère.

Machine tournez vite, 1916-1918

Ce numéro est entouré d'une

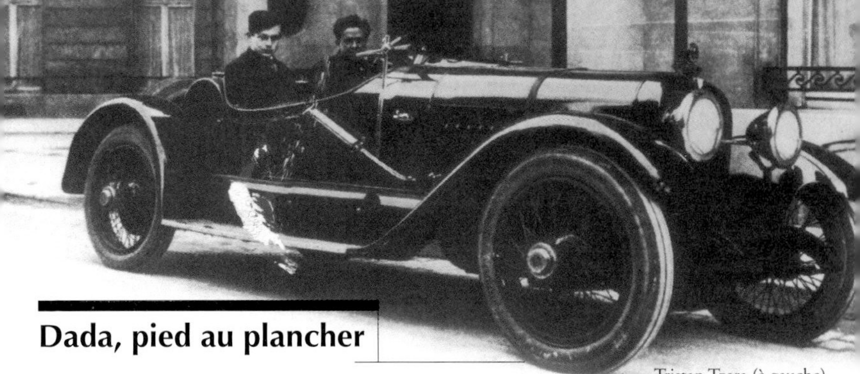

Dada, pied au plancher

Tristan Tzara (à gauche) et Francis Picabia à Paris, en 1920

En 1916, à Zurich, le poète Tristan Tzara nomme l'innommable volonté d'en finir avec l'Art et la Littérature d'un mot qui ne veut rien dire. Dada s'emploie à saper les fondements culturels du sanglant désordre mondial. Picabia en fait une affaire personnelle. Fort de sa complicité avec Marcel Duchamp, il assurera la fortune de Dada à New York comme à Paris. À mi-chemin, à Barcelone, il crée *391*, sa propre revue Dada, remplie d'invectives féroces et d'aphorismes intempestifs.

La seule façon d'être suivi, c'est de courir plus vite que les autres.

Duchamp décline depuis 1913 les différentes postures du *ready-made* et signe *Rose Sélavy,* une maquette de fenêtre dont les carreaux sont recouverts de cuir noir qu'il recommande de « cirer tous les matins comme une paire de

391

chaussures ». Exit les ambitions de la peinture figurative ! À quoi répond, au même moment, cette photographie de Picabia en diable iconoclaste surgi des ruines de la peinture. Ce ne sont que grosses ficelles d'une danse macabre et cadre vide, comme le cadavre retrouvé sur le champ des batailles perdues.

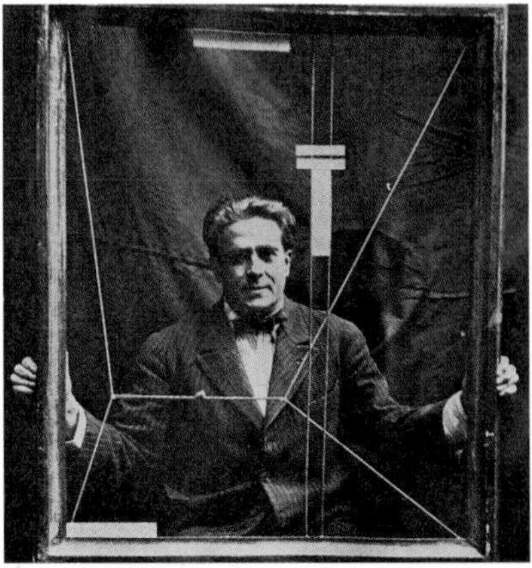

Francis Picabia et *Danse de Saint-Guy,* Paris, Salon d'Automne, 1922

Barcelone 1922, le rendez-vous manqué

En juillet 1916, venu de New York, Picabia débarque à Barcelone, bouillonnant foyer artistique sous l'afflux des réfugiés qui fuient la guerre. L'un des plus remuants, Arthur Cravan, boxeur et provocateur professionnel, arrivé un an plus tôt de Paris où il vendait à la criée *Maintenant*, sa revue dadaïste avant la lettre, vient d'être discrédité par un combat truqué. Ne reste plus que Josep Dalmau, un antiquaire qui se ruine à défendre les avant-gardes. Autour de lui se retrouvent Charchoune, Albert Gleizes ou Robert et Sonia Delaunay, mais Picabia a tôt fait de s'imposer au point d'obtenir son aide pour la création de *391*. Sept ans plus tard, Dalmau organise sa plus belle exposition. Mais, le retour du fils prodigue, au volant de sa Mercader, en compagnie d'André Breton, tourne au fiasco.

Il faut être nomade, traverser les idées comme on traverse les pays et les villes.

À deux pas des Ramblas, la galerie Dalmau accueille l'exposition *Picabia* du 18 novembre au 8 décembre 1922. L'incompréhension sera totale, l'échec retentissant. Deux ans plus tôt, le peintre a publié *Unique Eunuque* signé d'une flèche nouée sur elle-même, comme un ressort, indiquant deux sens opposés. C'est ce programme qu'il expose avec 47 numéros d'un éclectisme désespérant. En ces temps de « retour à l'ordre », même les pires avatars du cubisme se placent sous la tutelle d'Ingres. Picasso lui-même, en quête de respectabilité, vient de conjuguer ce retour aux modèles classiques avec *Les Baigneuses* de Biarritz. La concession ironique de Picabia prend l'aspect des « Espagnoles », modèles ingresques déguisés pour l'occasion.

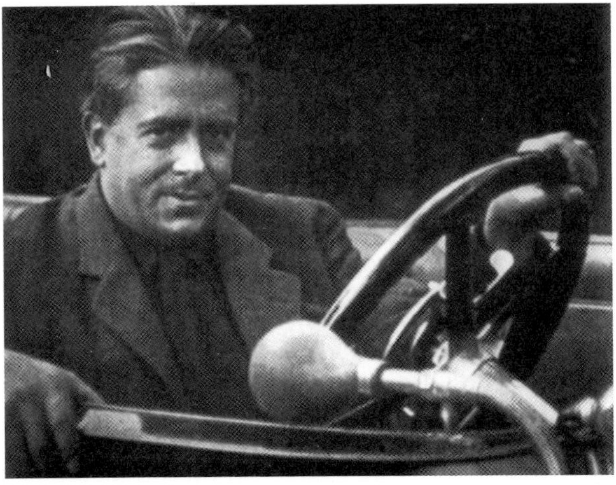

Francis Picabia au volant de son automobile, 1922

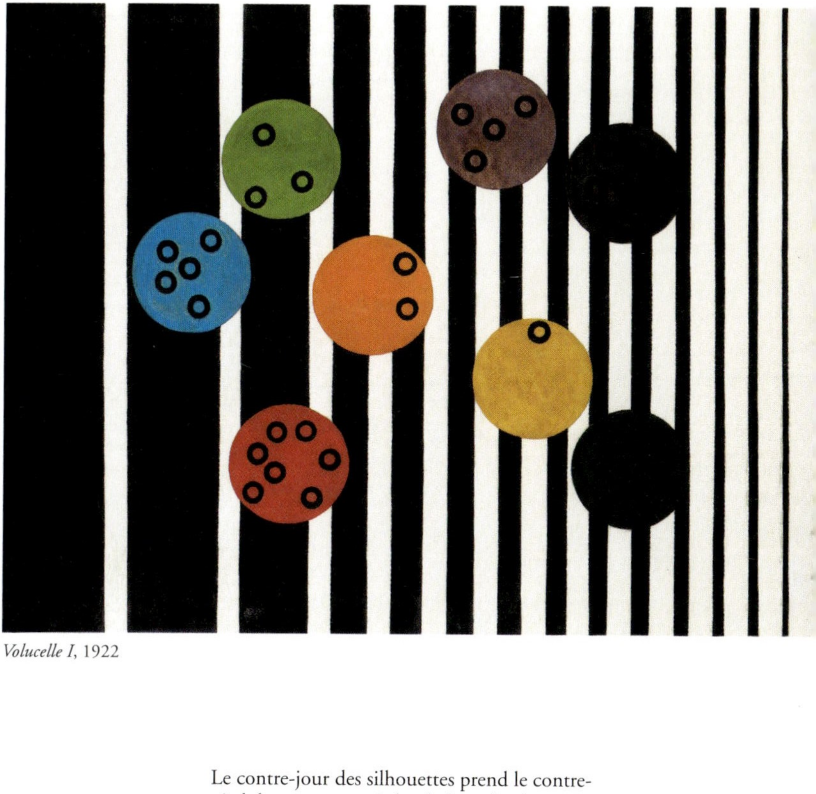

Volucelle I, 1922

Le contre-jour des silhouettes prend le contre-pied du retour aux règles de l'art classique. Le *Dresseur d'animaux*, postdaté (1937, alors qu'il est peint en 1923), pour être d'autant mieux projeté dans le futur de la peinture, et *La Feuille de vigne,* décalqué d'un Œdipe d'Ingres trop pudiquement voilé, le pied négligemment posé sur l'astre noir du « dessin français », affichent un même mépris pour les chiens savants du cirque artistique.

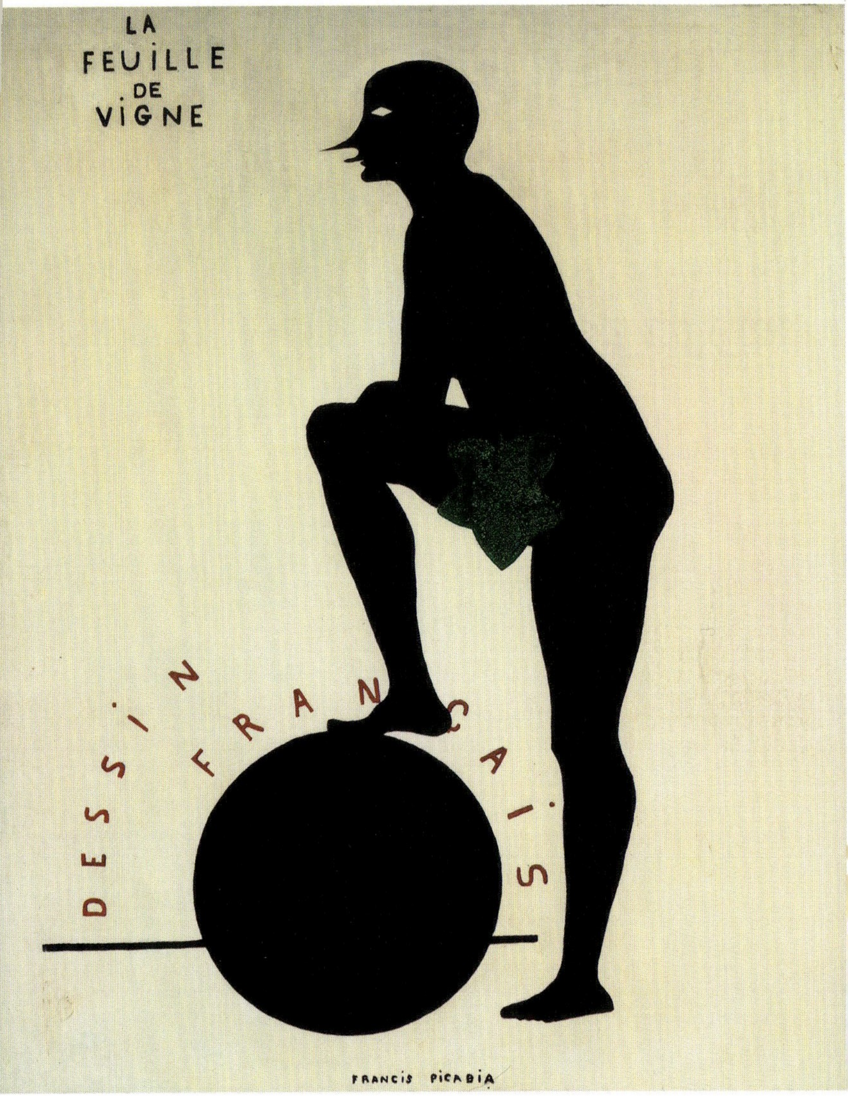

Feuille de vigne, 1922

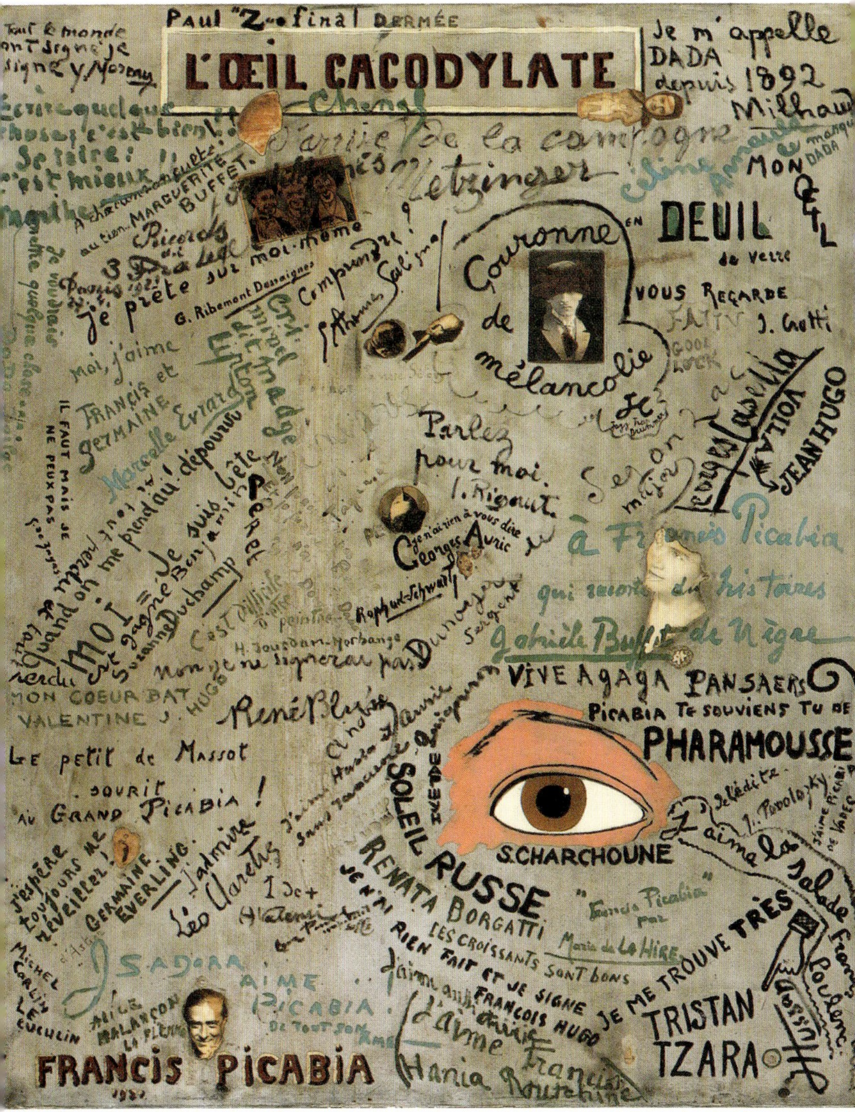

Œil cacodylate, 1921

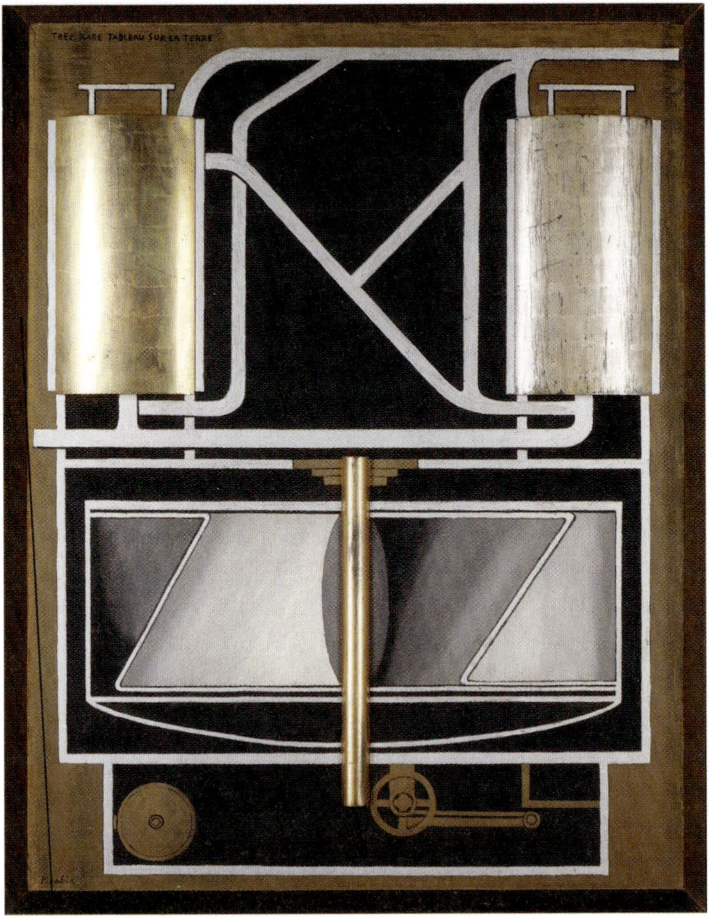

Le tableau devient un rendez-vous
des amis, un soir de réveillon, quand
le peintre, victime d'un zona oculaire,
s'offre en aveugle aux signatures,
aphorismes et calembours
d'un bavardage intempestif.

Pas de plus rare tableau sur la terre
qu'une superbe machine célibataire,
puissante et rutilante, qui roule
des mécaniques dans les règles
dynamiques du subtil équilibre
d'une symétrie toute classique.

Très rare tableau sur la terre, 1915

dentelle rose. 391

Dada est la vie
sans pantoufles
ni parallèles.
Tristan Tzara, 1916

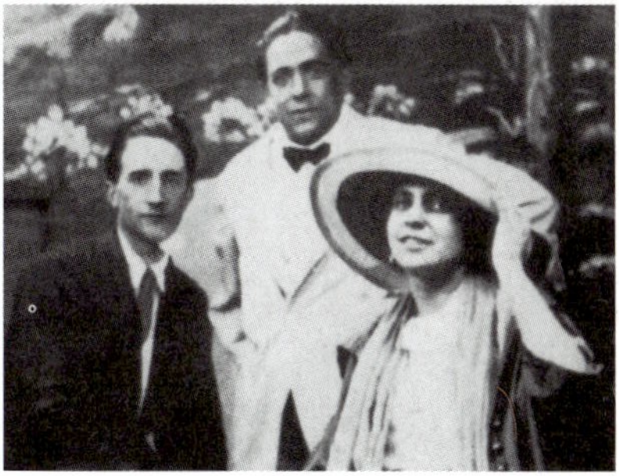

Duchamp, Picabia et Béatrice Wood, New York, 1917

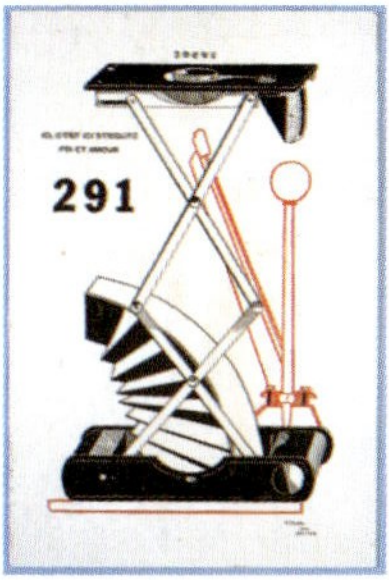

Couverture de la revue *291*, « Ici, c'est ici Stieglitz, foi et amour », n° 5-6, juillet-août 1915

La magie d'un
mot – DADA –
qui a mis les
journalistes
devant la porte
d'un monde
imprévu, n'a
pour nous aucune
importance.
Tristan Tzara, 1918

L'amitié indéfectible entre Picabia et Duchamp remonte à 1910 quand apparaît la notion d'avant-garde et que l'un et l'autre, plus nihilistes que progressistes, doutent de la peinture. Entre eux, il n'y aura qu'une vitre, « infra-mince », *La Mariée mise à nu par ses célibataires, même*. Si Duchamp s'efface derrière son Grand Verre, laissé inachevé en 1923 après dix ans d'un travail acharné, celui-ci sera le miroir des gesticulations « Cannibales » de Picabia autant que le prisme de son œuvre kaléidoscopique.

Le photographe Alfred Stieglitz qui avait organisé dans sa galerie, 291 5th Avenue à New York, la première exposition américaine de Picabia, fonde *291,* une superbe revue d'avant-garde où Picabia publie ses portraits « en équivalent machine ». Le titre de la revue *391* de Picabia surenchérit sur l'adresse et la revue new-yorkaises.

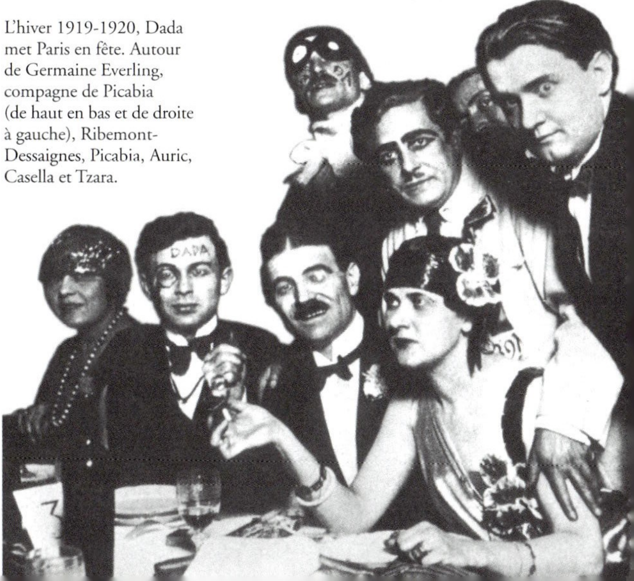

L'hiver 1919-1920, Dada met Paris en fête. Autour de Germaine Everling, compagne de Picabia (de haut en bas et de droite à gauche), Ribemont-Dessaignes, Picabia, Auric, Casella et Tzara.

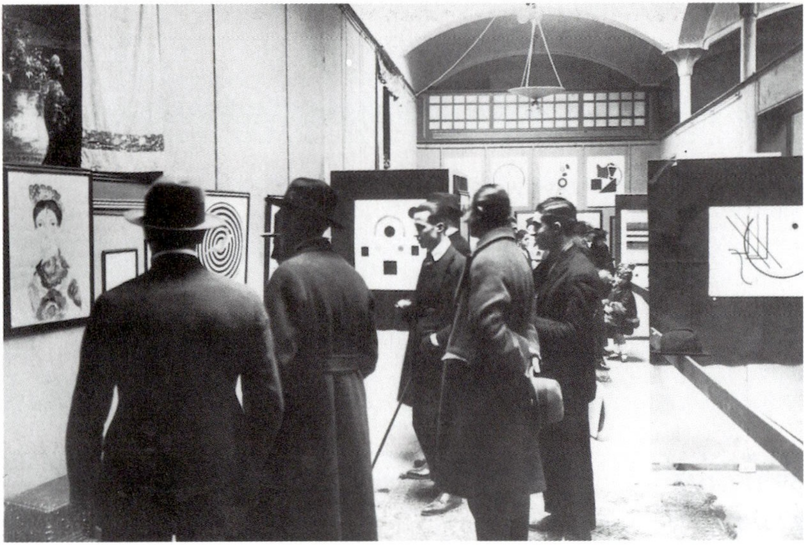

Vue et catalogue de l'exposition *Picabia*, galerie Dalmau, Barcelone, 1922

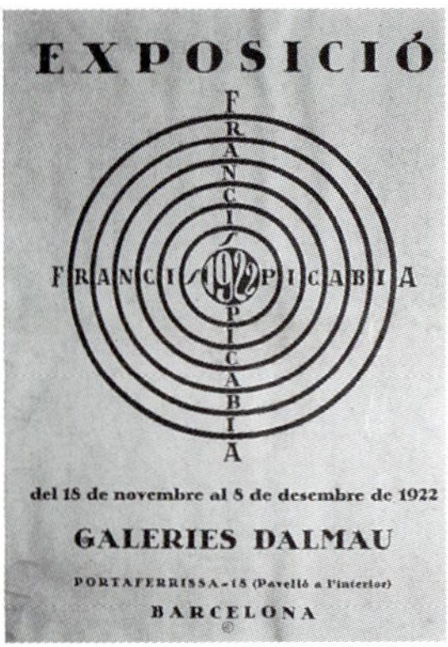

Espagnole, vers 1923-1927

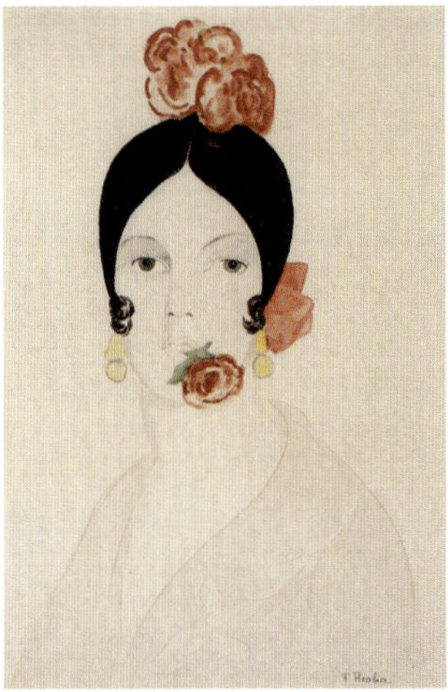

À la galerie Dalmau, Picabia, l'imposteur, juxtapose les images kitsch des « Espagnoles » – où le respect de la tradition n'est plus que folklore de pacotille –, des reproductions de machines, des silhouettes, des compositions optiques et des constructions géométriques qui s'approprient les recherches « d'art élémentaire » de Moholy-Nagy et de Lissitzky.

Messieurs les artistes, foutez-nous donc la paix, vous êtes une bande de curés qui veulent encore nous faire croire à Dieu.

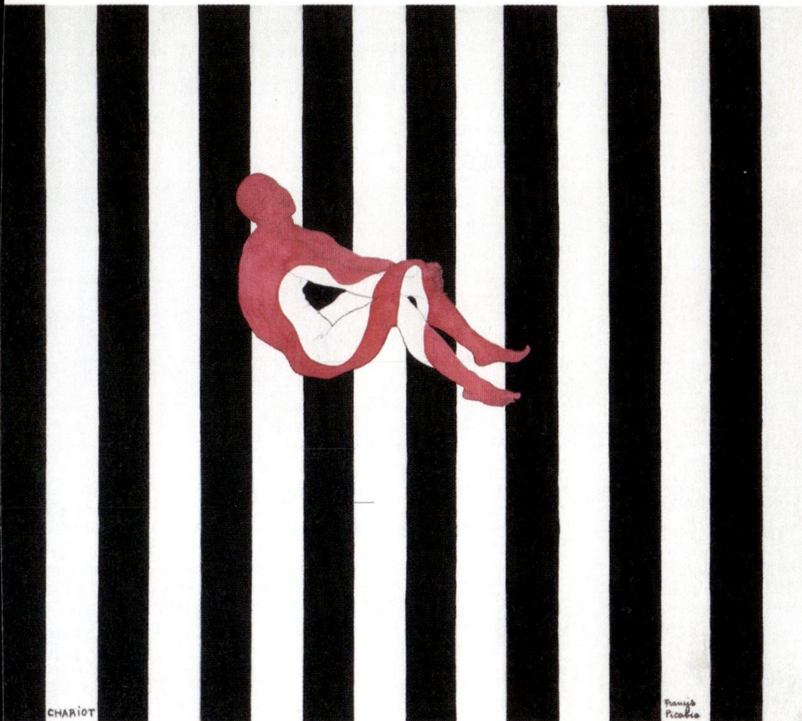

Chariot, vers 1922-1923

Vouées au pouvoir rétinien de la peinture, les aquarelles optiques explicitent l'économie formelle des silhouettes. Sur l'aveuglante alternance des bandes noires et blanches, la figure d'emprunt ou le motif « automatique », en totale apesanteur, deviennent les ponctuations d'un espace aux résonnances plus musicales que plastiques.

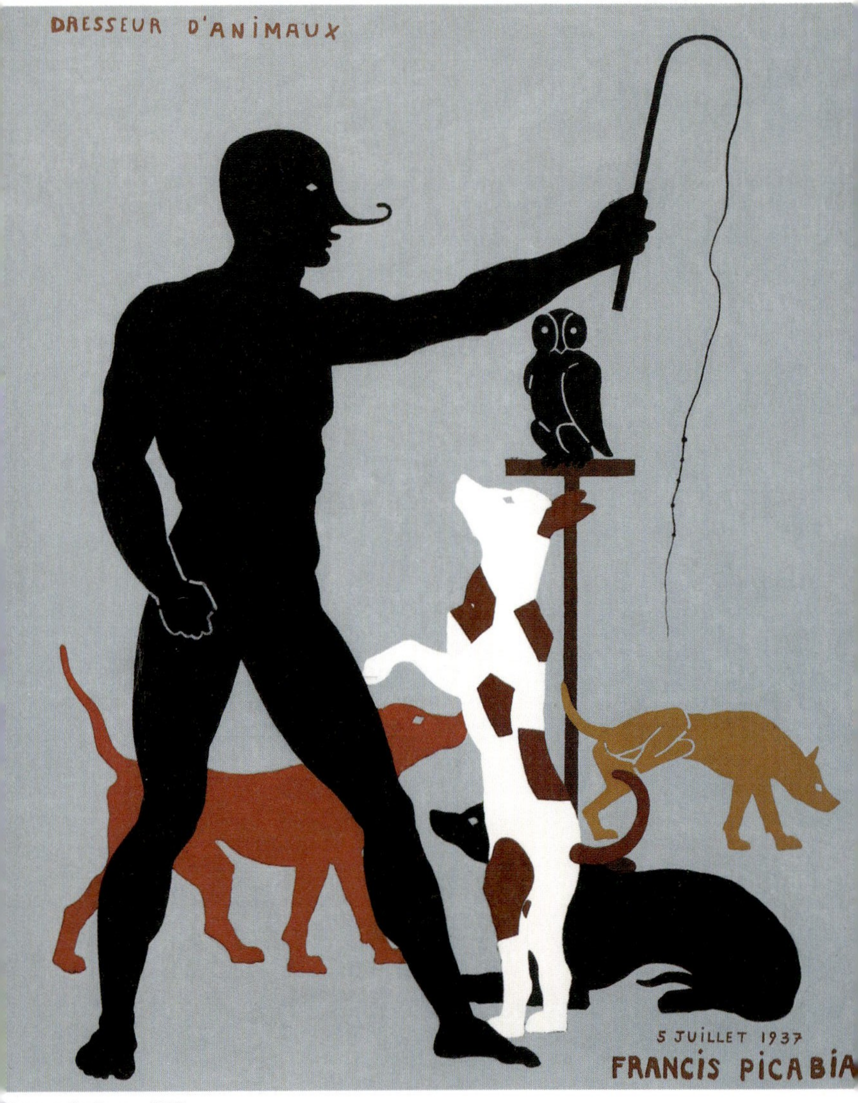

Dresseur d'animaux, 1923

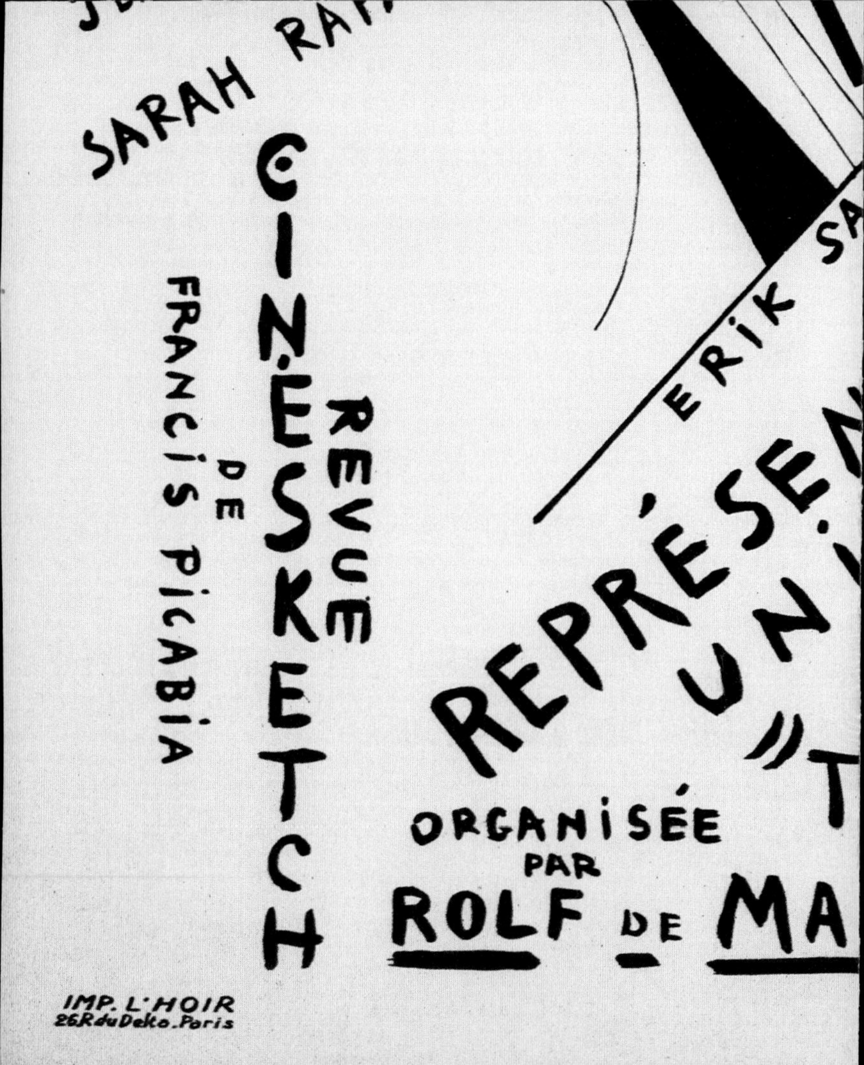

Affiche du réveillon du 31 décembre 1924 au Théâtre des Champs-Élysées

Jusqu'à présent, le cinéma s'est inspiré du théâtre, j'ai essayé de faire le

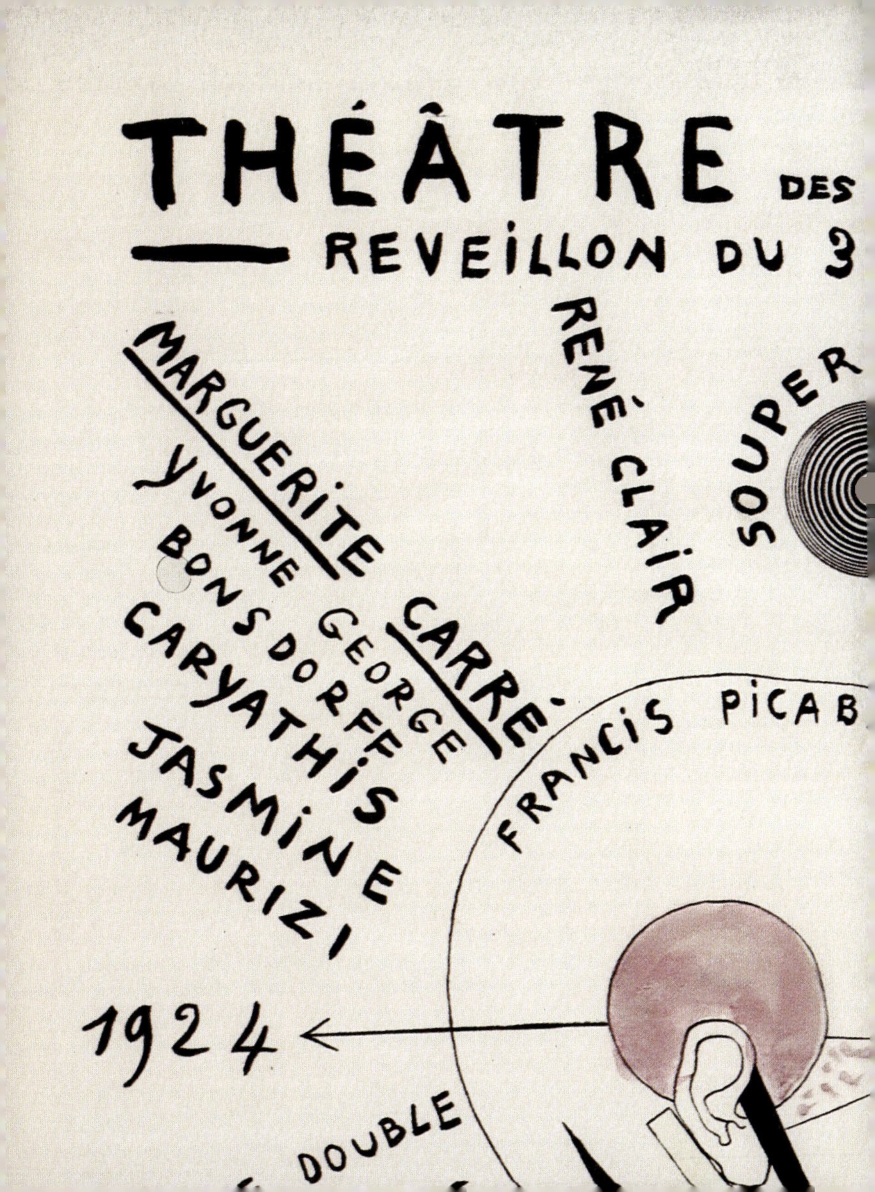
THÉÂTRE DES
REVEILLON DU 3
RENÉ CLAIR
SOUPER
MARGUERITE
YVONNE
BONSDORFF
CARRÉ
GEORGE
CARYATHIS
JASMINE
MAURIZI
FRANCIS PICAB
1924
DOUBLE

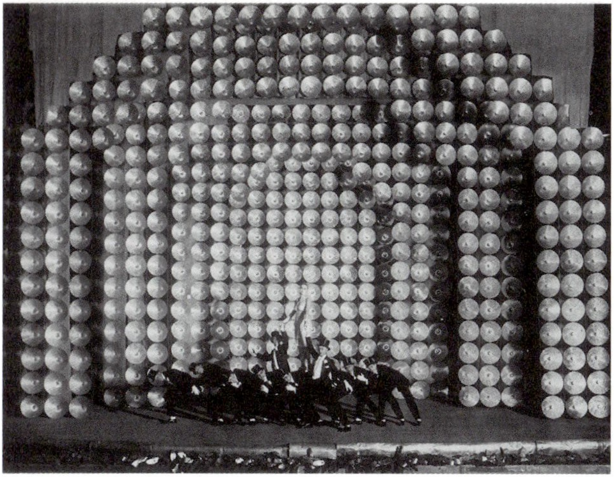

Scène du ballet *Relâche*, Théâtre des Champs-Élysées, Paris, 1924

Relâche, chant du cygne des Ballets suédois, truffé de références au music-hall « qui seul a gardé un côté vivant », est tout autant la dernière grande manifestation Dada que la première œuvre d'art multimédia. Le décor est bien dans l'esprit « coup de révolver » de Dada où, selon Walter Benjamin, l'œuvre d'art « fait feu sur le spectateur ». 370 projecteurs réglés sur la musique d'Éric Satie aveuglent le public.

Relâche, Entr'acte

Apportez des lunettes noires et de quoi vous boucher les oreilles.

Les Ballets russes de Diaghilev avaient convié l'art moderne, et d'abord Picasso, sur la scène de l'Opéra. Les Ballets suédois du très fortuné Rolf de Maré feront preuve de plus d'audace encore au Théâtre des Champs-Élysées en réunissant Debussy, Bonnard et Jeanne Lanvin (*Jeux*, 1920) et aussi Honegger et Léger (*Skating Rink*, 1922), ou encore Milhaud, Léger et Cendrars (*La Création du monde*, 1923). L'épopée fulgurante des Ballets suédois s'achève avec *Relâche*, créé le 27 novembre 1924. Picabia en signe l'argument, les décors, les costumes, mais aussi le scénario du film *Entr'acte* qui sera intégré au ballet.

Maquette de costume (figure féminine) pour *Relâche*, 1924

Tournage du film *Entr'acte*, 1924

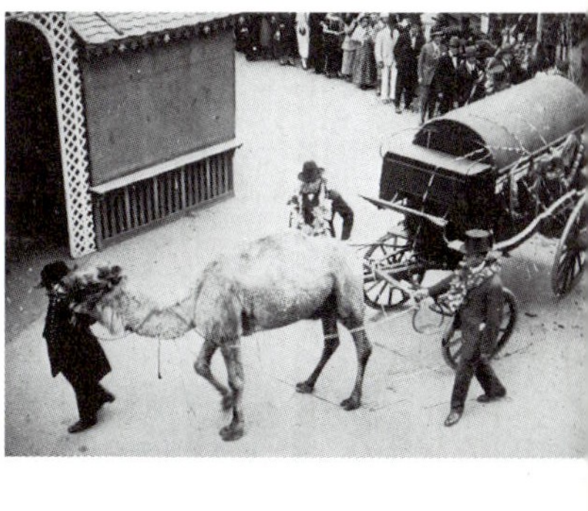

Maquette du rideau
de *Relâche*, 1924

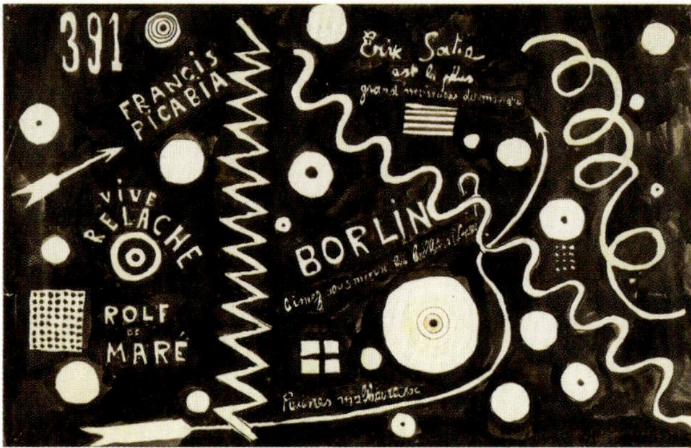

Œuvre d'art totale, *Relâche* importe dans le spectacle vivant le thème de *La Mariée mise à nu par ses célibataires, même,* que Duchamp a laissé inachevé l'année précédente. Pour l'essentiel, l'action se résume au déshabillage de la mariée en présence des célibataires en tenue de ville, suivi de son rhabillage quand ils se déshabillent pour apparaître à leur tour en collant à gros pois colorés.

Le rideau imaginé par Picabia rend hommage aux principaux protagonistes du spectacle, et d'abord à Börlin, unique chorégraphe et premier danseur des Ballets suédois, mais aussi à sa propre revue *391* dont le dernier et ultime numéro est sorti le mois précédent.

RELÂCHE

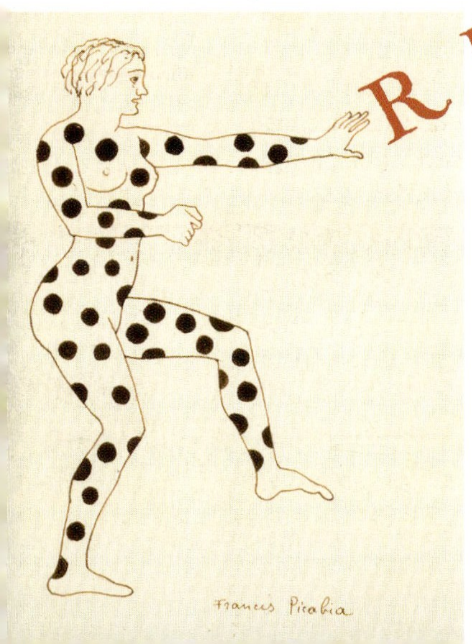

Relâche exprime pour moi une trêve à toutes les absurdités prétentieuses du théâtre actuel […]; je ne veux plus chercher qu'une joie comparable à celle d'une belle nuit d'amour.

Entr'acte, techniquement réalisé par René Clair, « détourne l'image de son devoir de signifier » pour la faire naître à une « existence concrète ». Cela commence par une partie d'échecs entre Man Ray et Marcel Duchamp et se termine par la course folle d'un corbillard entraîné par un dromadaire à Luna Park, avant que Picabia ne surgisse de l'écran à travers la feuille blanche où s'inscrit le mot FIN.

1924

CHAMPS-ELYSÉES

DÉCEMBRE À 21H

MINUIT

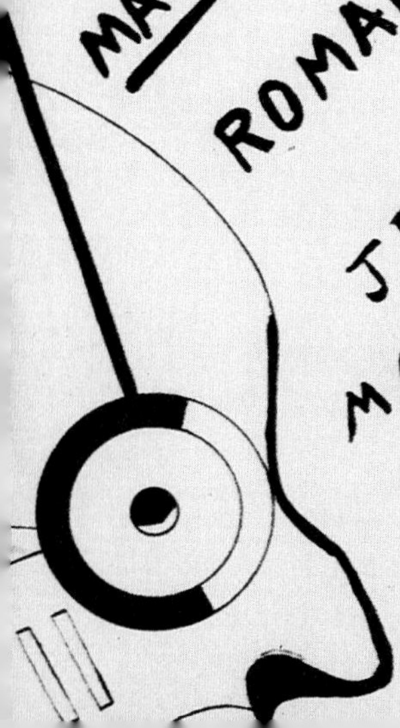

MARCEL LEVESQUE

ROMAIN CARBELLY DE L'OPÉRA

JEAN BORLIN

MARCEL BAIN

MAN-RAY

1925

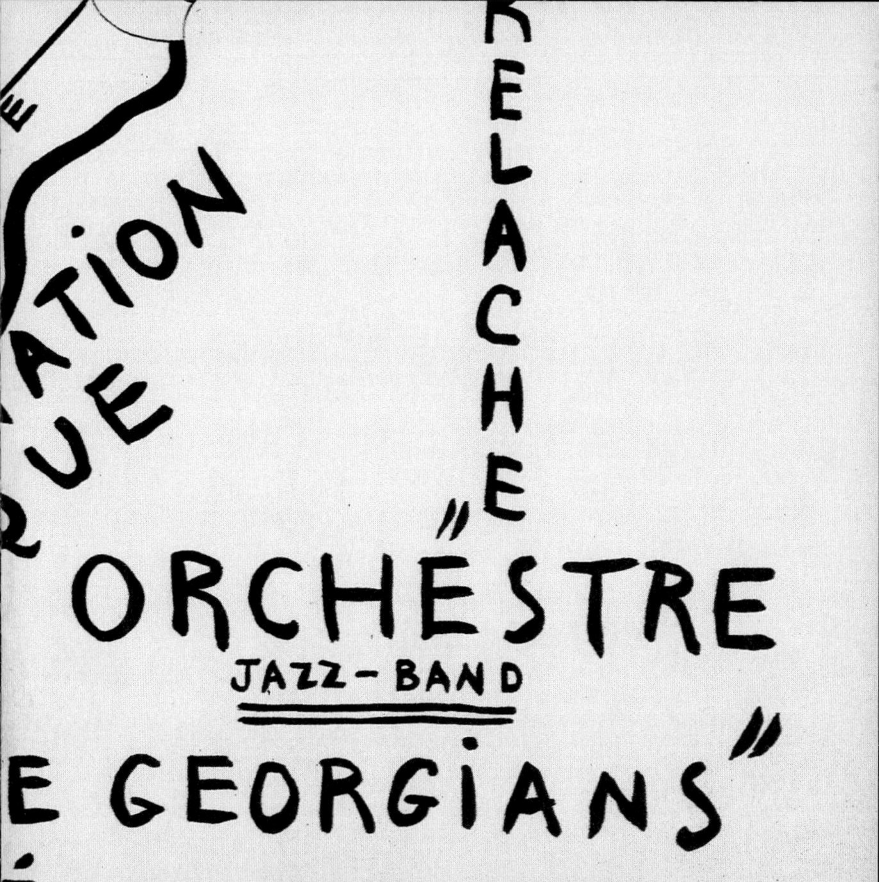

ire en apportant à la scène la méthode et le rythme vivants du cinéma.

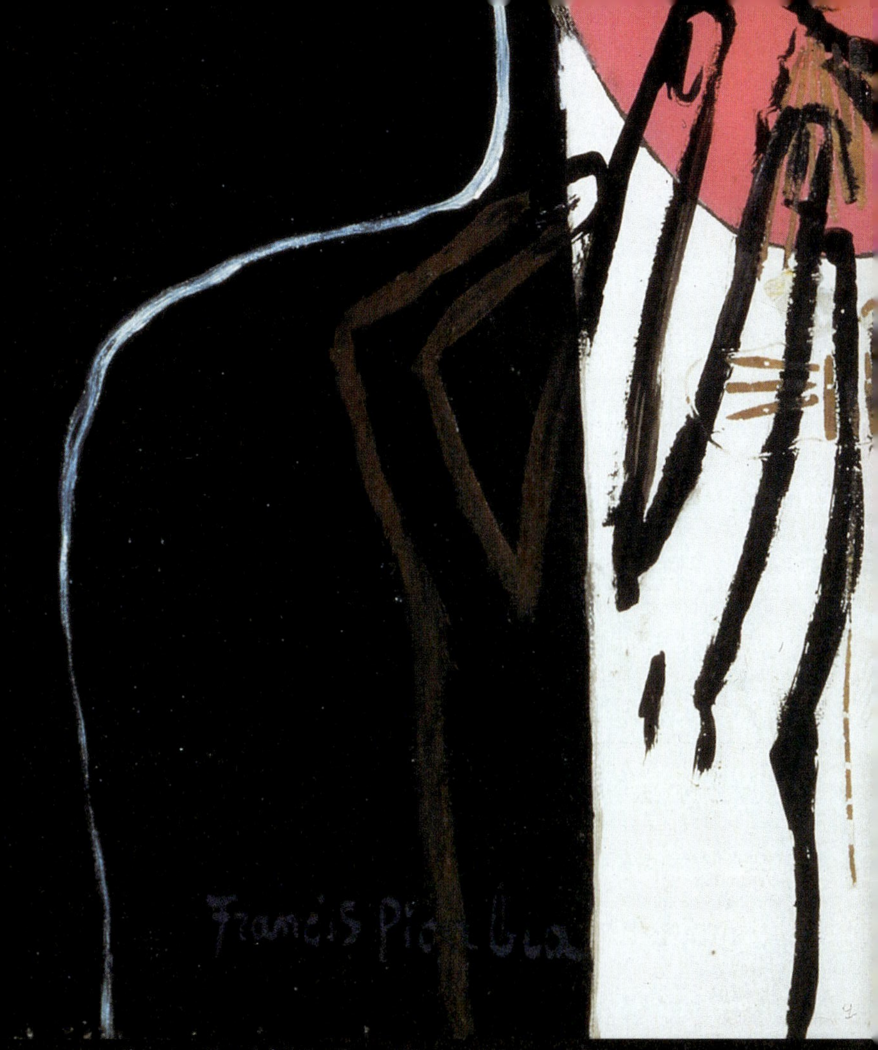

Le Beau Charcutierr (Portrait de Poincaré), vers 1925, vers 1935, vers 1938 (?)

Les hommes couverts de c

Moi, je me déguise e

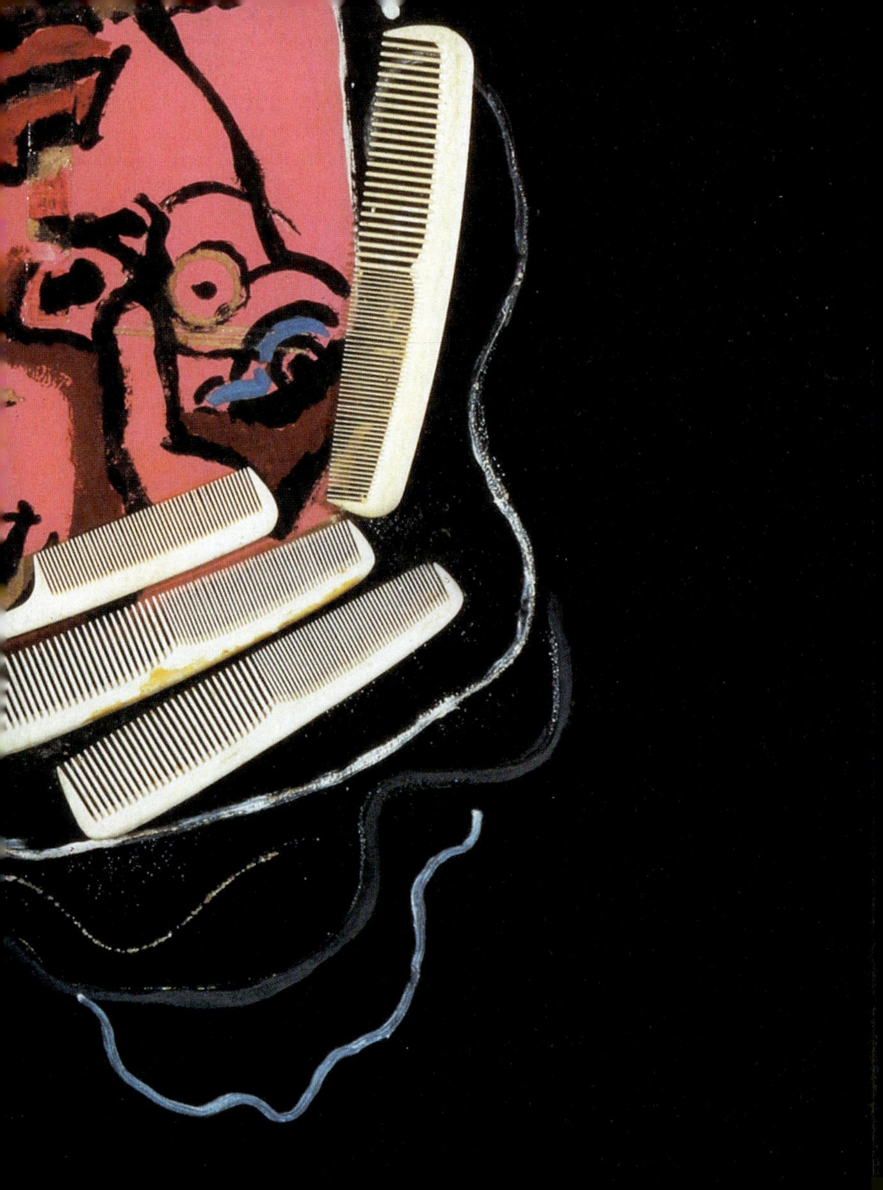

La Femme aux allumettes II
(Portrait de femme sur fond bleu),
vers 1923-1925

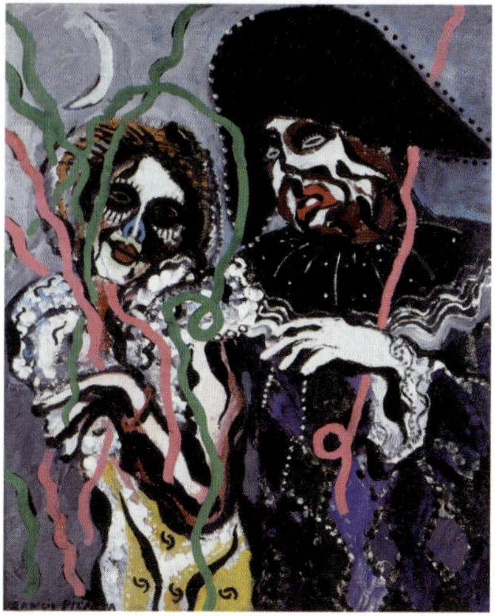

Mi-Carême (Carnaval), 1925

Dans *La peinture au défi* (1930), Aragon réserve une place particulière à Picabia : « La peinture s'était si bien évanouie entre ses mains, que le peintre se contentait vers 1920 de tendre entre les baguettes du cadre quelques ficelles qui lui parurent bientôt un luxe exagéré… On put croire, Dada passé comme un orage, que Picabia reviendrait à de meilleurs sentiments. Ceci sur la foi de quelques toiles peintes à l'huile. C'était mal le connaître… On vit alors Picabia dresser, comme des singes savants dans le cirque de cette fausse peinture, des objets particulièrement peu faits pour entrer au Louvre, et qui cependant y pénétreront, car tout se classe, sauf le rire que Picabia fait parfois entendre. C'étaient des pailles Pipoz et leur habit de papier, des cure-dents, des épingles de nourrice. »

Le diable me suit de jour et de nuit
car il a peur d'être seul.

Monstres et collages

Partagé entre son goût de la séduction et celui de la provocation, Picabia veut tenir la peinture par tous les bouts tout en la compromettant. Monstres et collages convoquent les moyens les plus contradictoires, pour déstabiliser le regard, l'usage mondain du tableau, dévaluer son histoire réputée spécifique et ses moyens matériels. Tandis que les « monstres » caricaturent jusqu'à l'outrance les références explicites à Michel-Ange, Dürer, Titien, Rubens ou Goya pour parler un langage d'horreurs visuelles, les « collages » se plaisent à côtoyer effrontément la légèreté et la grâce.

Plumes, vers 1925

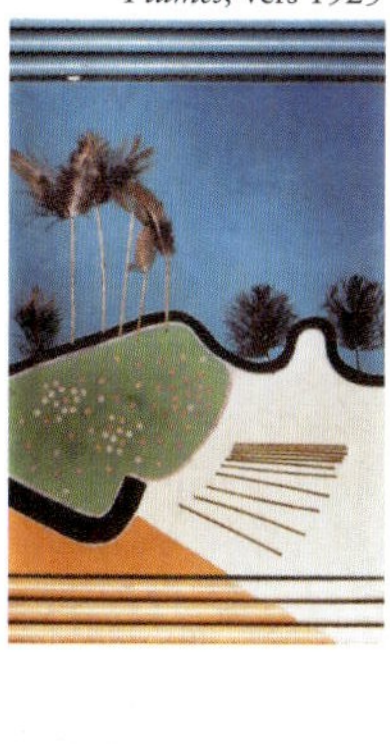

La transmutation des collages de Picabia se joue de toutes sortes de rebuts, au point de paver la route de *Plumes* d'un emplâtre voué à soulager la brûlure des cors aux pieds, à l'ombre des pailles ramenées de la terrasse du café, de nimber d'allumettes le visage de la bien-aimée ou d'auréoler de peignes celui du *Beau Charcutier*, nostalgique comme les beaux-arts, fuyant « le bonheur pour qu'il ne se sauve pas ».

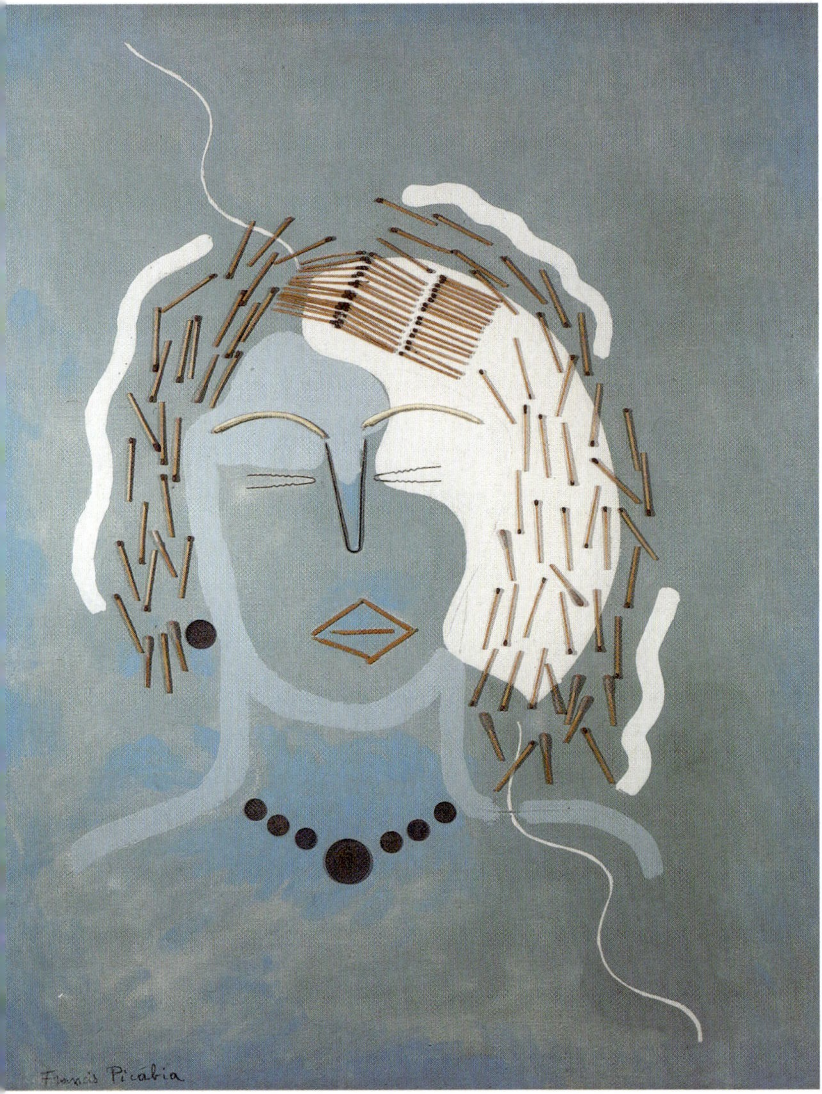
Francis Picabia

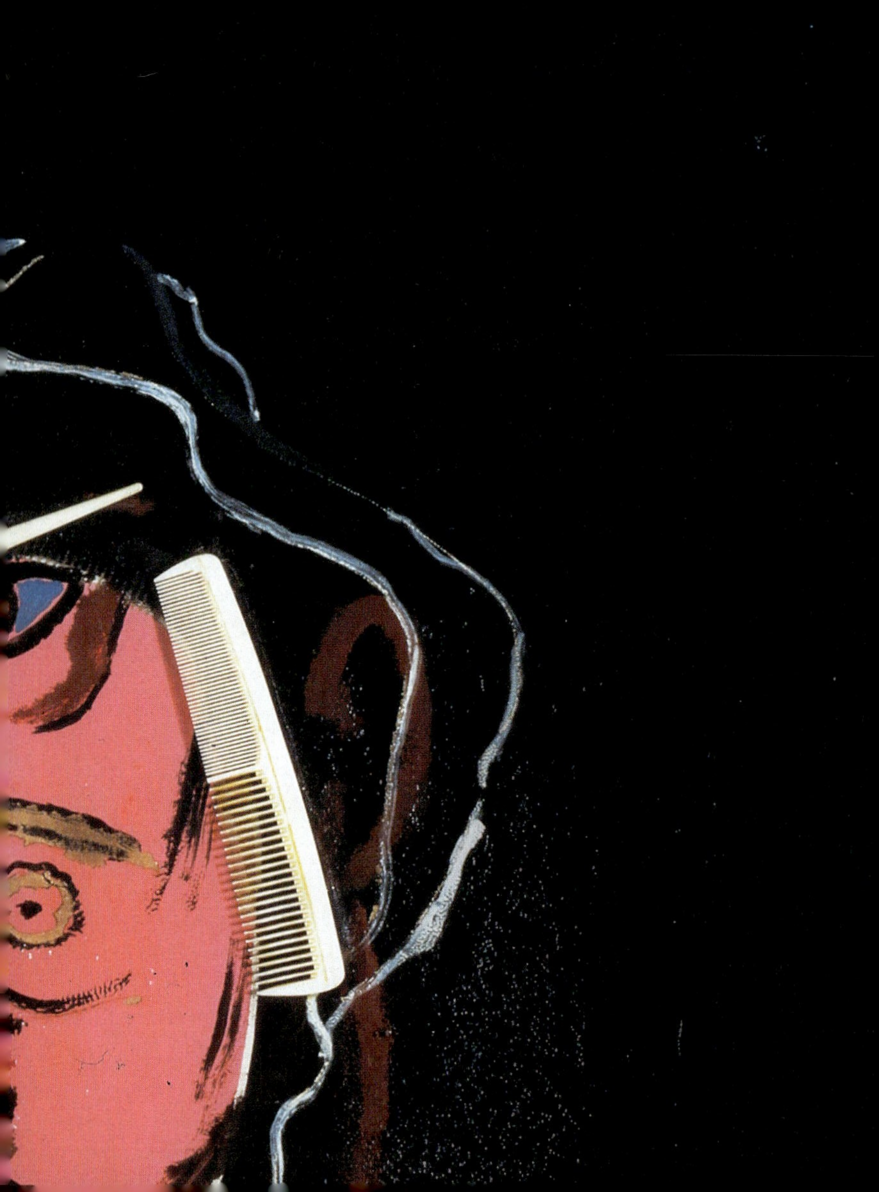

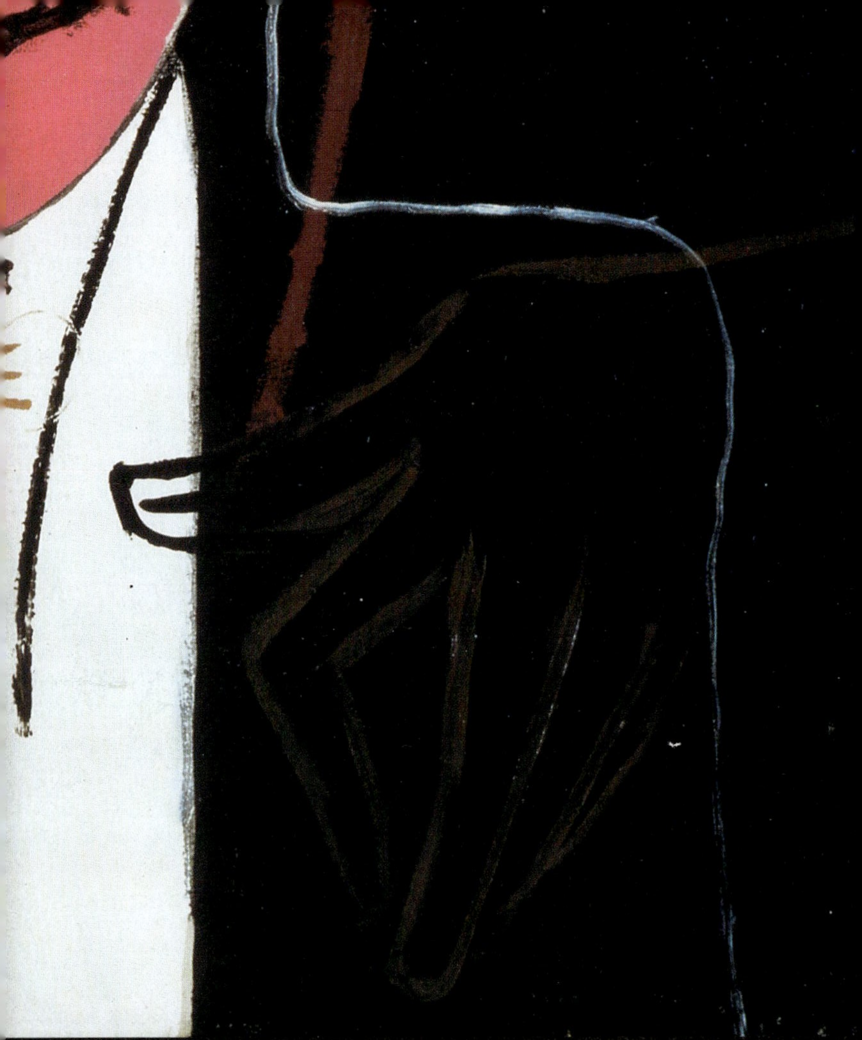

nt penser à un cimetière.

me pour n'être rien.

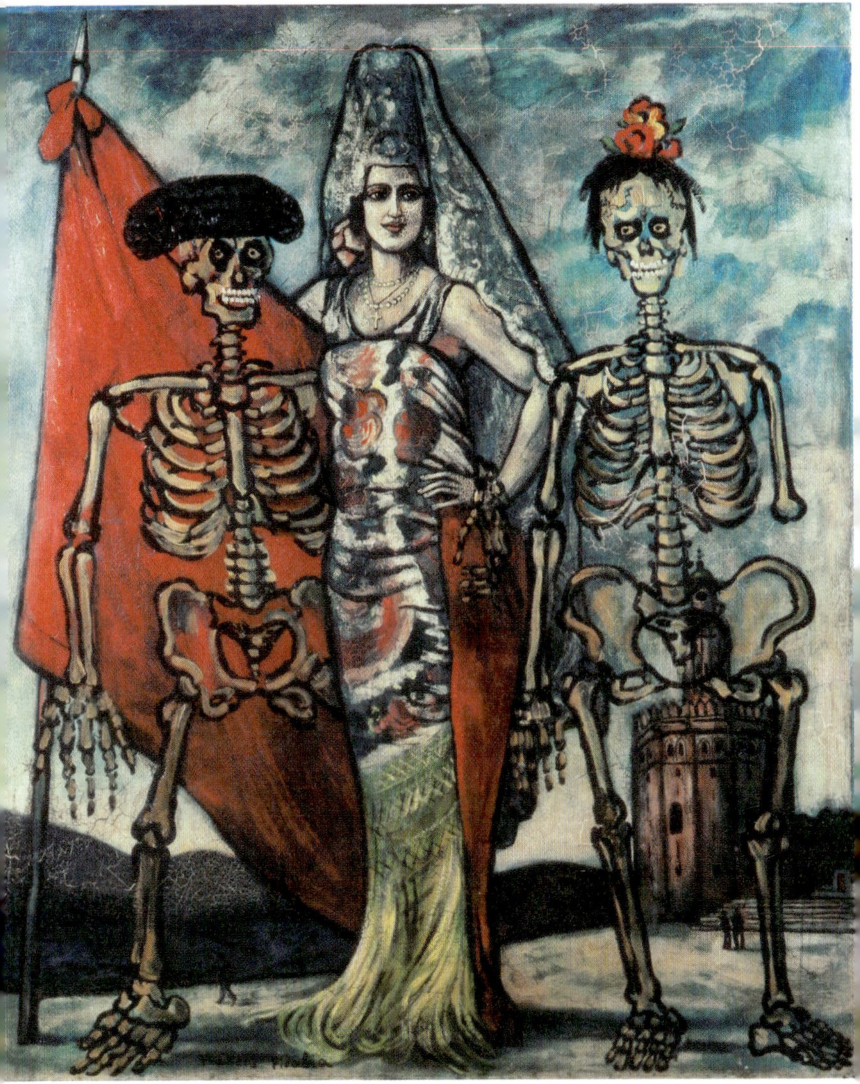

ı Révolution espagnole, 1937

Printemps, vers 1937-1938, 1943

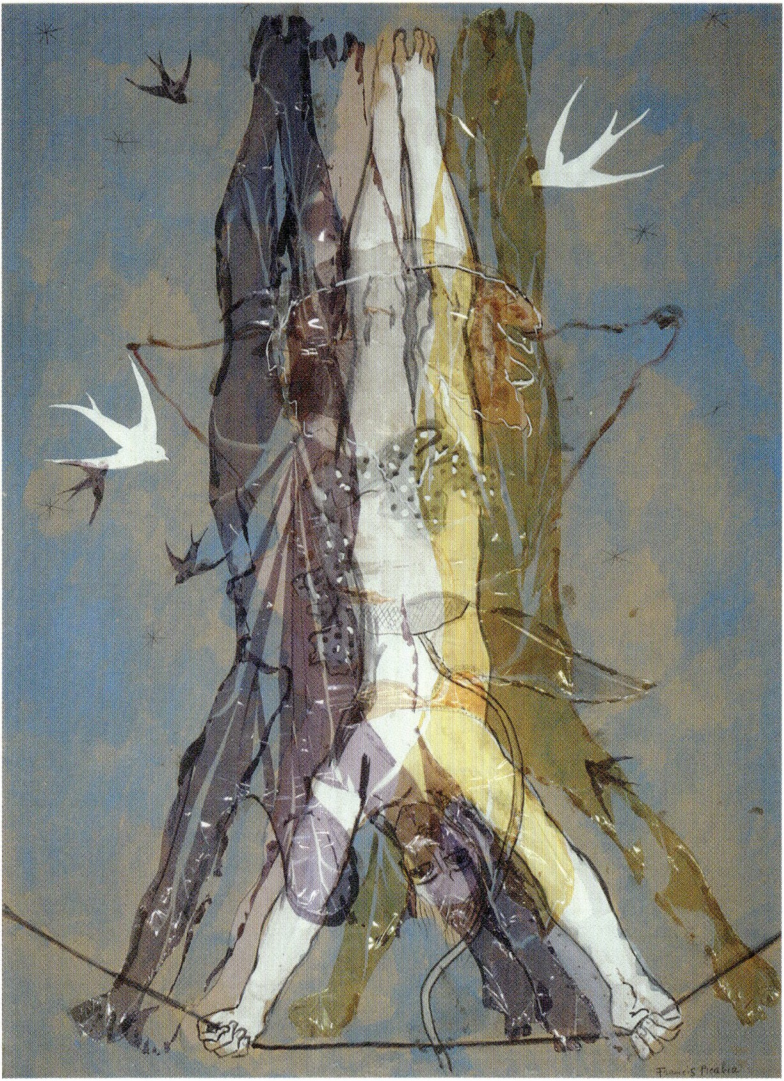

L'Acrobate, 1924-1928

La belle vie

Au lendemain de son flamboyant adieu à Dada, Picabia décide à son tour de faire relâche, de fuir Paris et ses querelles de chapelle entre les partisans de Breton,

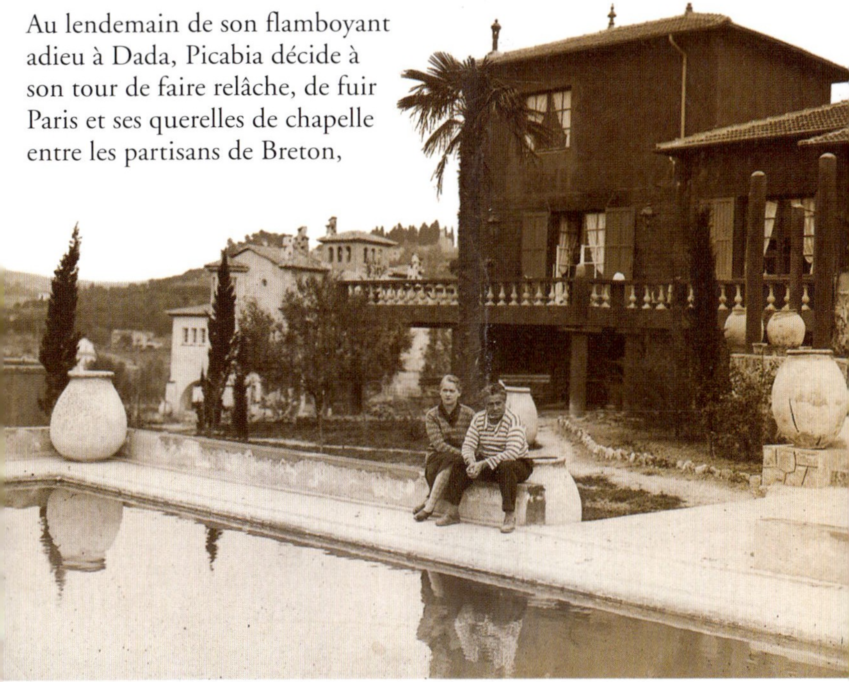

Picabia et Germaine Everling à Mougins, vers 1930

les fidèles de Tzara, voire la bande à Cocteau, où chacun le presse de jouer les arbitres du haut de son droit d'aînesse et de sa légende. Une fois de plus Picabia ruine sa réputation. Jetant le masque du patriarche des avant-gardes parisiennes, le voilà à Cannes dans les concours d'élégance automobile !

L'héritage de l'oncle Maurice Davanne est dilapidé dans la construction du Château de Mai, du nom du mois de son installation en 1925, sur les hauteurs de Mougins. Picabia fait planter des palmiers de 10 mètres de haut et creuser la première piscine privée de la Côte d'Azur. Il change sans cesse d'automobile et de yacht, reçoit à sa table Léger, Picasso ou Gertrude Stein, organise contre rétribution fêtes et galas, avant d'abandonner huit ans plus tard le Château à Germaine Everling et partir vivre avec Olga Mohler, la jeune nurse suisse allemande de son fils, sur l'*Horizon* !

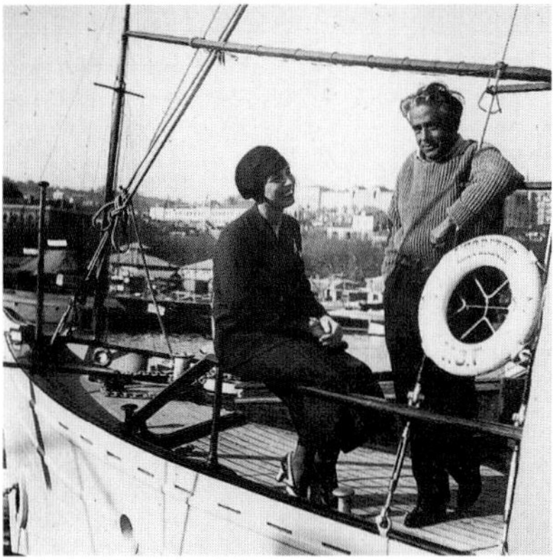

Picabia et une amie à Cannes, en 1931

Mieux vaut encore accepter un honneur immérité que refuser un honneur mérité.

Plus l'histoire devient opaque et plus l'insolente désinvolture de Picabia se donne libre cours. Au cœur du tourbillon mondain de la Côte, il dépense et se dépense sans compter. Pour assurer ce train de vie fastueux, Picabia multiplie les ventes publiques, expose n'importe où, avec n'importe qui, recycle les invendus et travaille comme un forcené à reconstituer son stock. Il peint vite, trop vite, des « Espagnoles » tant qu'on en veut, et surtout des « Transparences ».

Picabia devant une « Transparence », à Mougins vers 1930

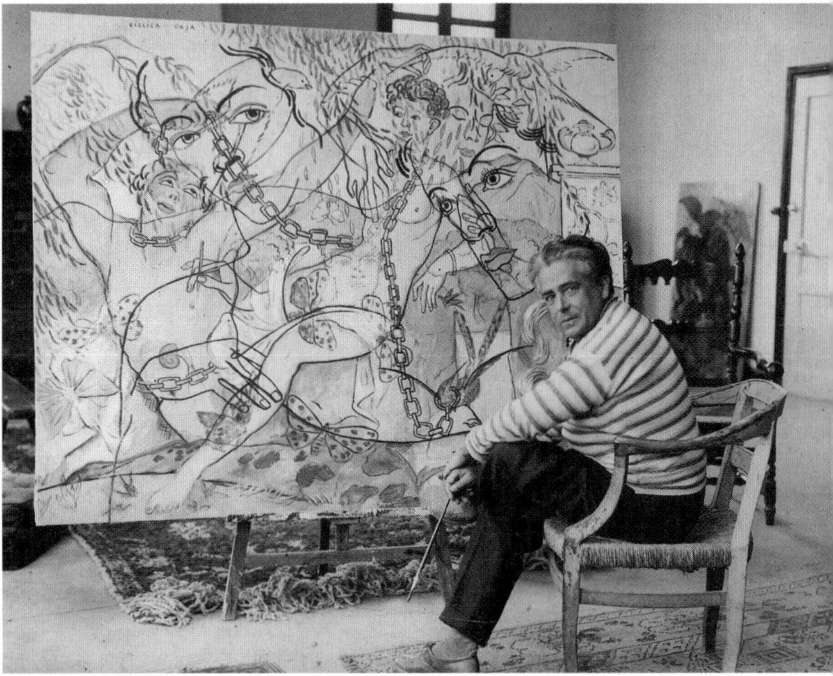

Le Picabia des élégances diaphanes retrouve la clientèle mondaine de ses débuts « impressionnistes » et renoue avec les achats publics, Légion d'honneur à la clé. Décoratives et virtuoses, riches de citations prestigieuses,

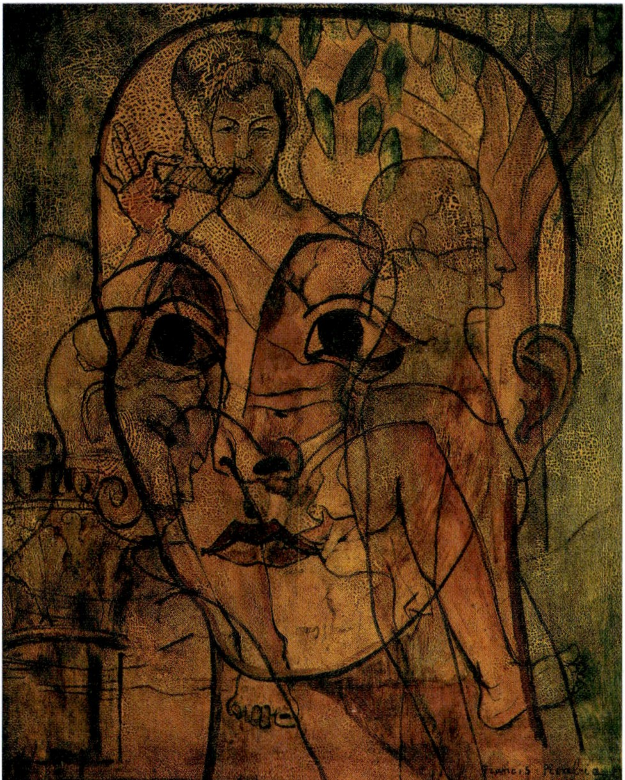

Chloris, vers 1930

les « Transparences » ont tout pour plaire à « ces personnages écœurants qui peuplent la [Côte d'Azur] », confie-il en 1932 à son marchand Rosenberg. Sur le vitrail opaque de cet art de la fugue se superposent des contours piratés sur des reproductions bon marché. Cette mise en abîme des formes creuses exhumées des musées s'interrompt quand – dit-il –, en 1939, « la guerre aux orbites édentés me regarde ».

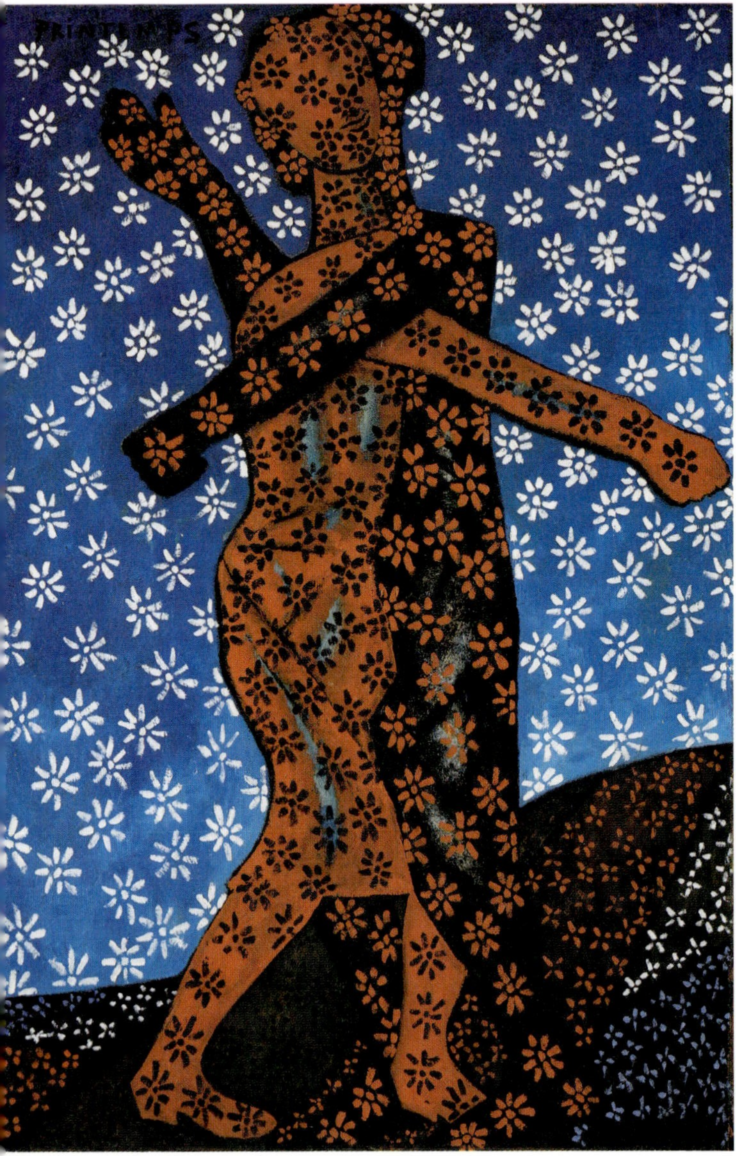
PRINTEMPS

Paris Magazine, septembre 1937
Beauté Magazine, mai 1936

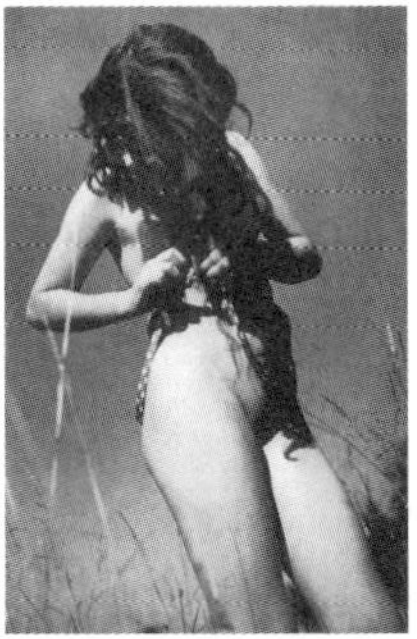

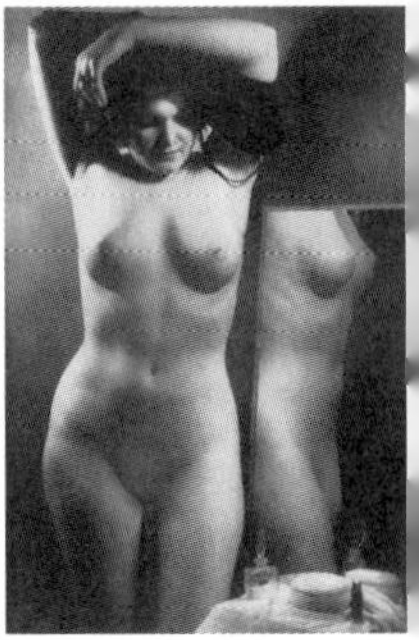

Les sources de Picabia privilégient la banalité et le stéréotype. *Paris Sex-Appeal* ou *Beauté Magazine* ont remplacé *La Science et la vie* de l'époque mécanomorphe, voire Ingres derrière les « Espagnoles » que Picabia revendiquait comme des « faux ». C'est la même entreprise de démolition qui est ici à l'ouvrage.

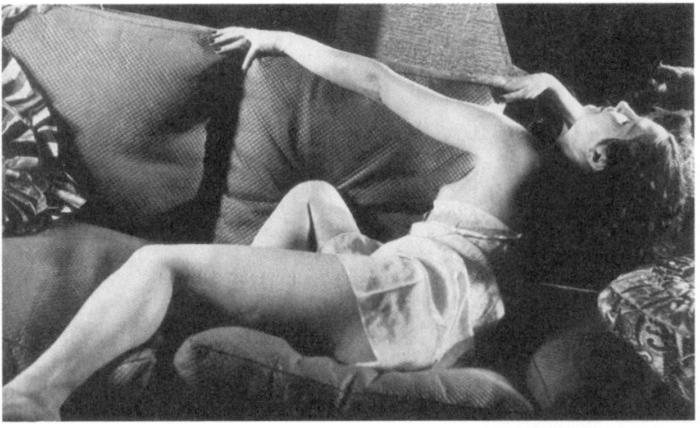

Je cherche vainement dans tous les arts une œuvre qui égale les femmes que j'ai aimées.

Paris Sex-Appeal, avril 1937

Allant toujours plus loin dans la dérision de l'art et de son commerce, Picabia produit à la chaîne des tableaux qui revisitent le nu et sa sensualité, la chair même de la beauté esthétique, à l'heure de l'industrialisation de la photo de charme. Pourtant ces revues de l'entre-deux-guerres portées par la mode « progressiste » du nudisme, du sport et de la plage ne laissaient guère augurer du déferlement pornographique d'aujourd'hui. Seul le déshonneur dans lequel paraît se vautrer Picabia le « pré-voit » ! Aussi, ces tableaux, les plus occultés d'un peintre longtemps banni, se retrouvent-ils naturellement revendiqués par le renouveau le plus actuel de la peinture figurative, elle-même sans illusion.

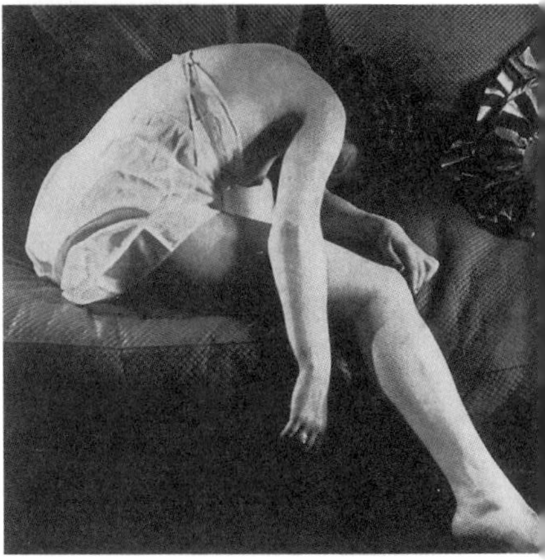

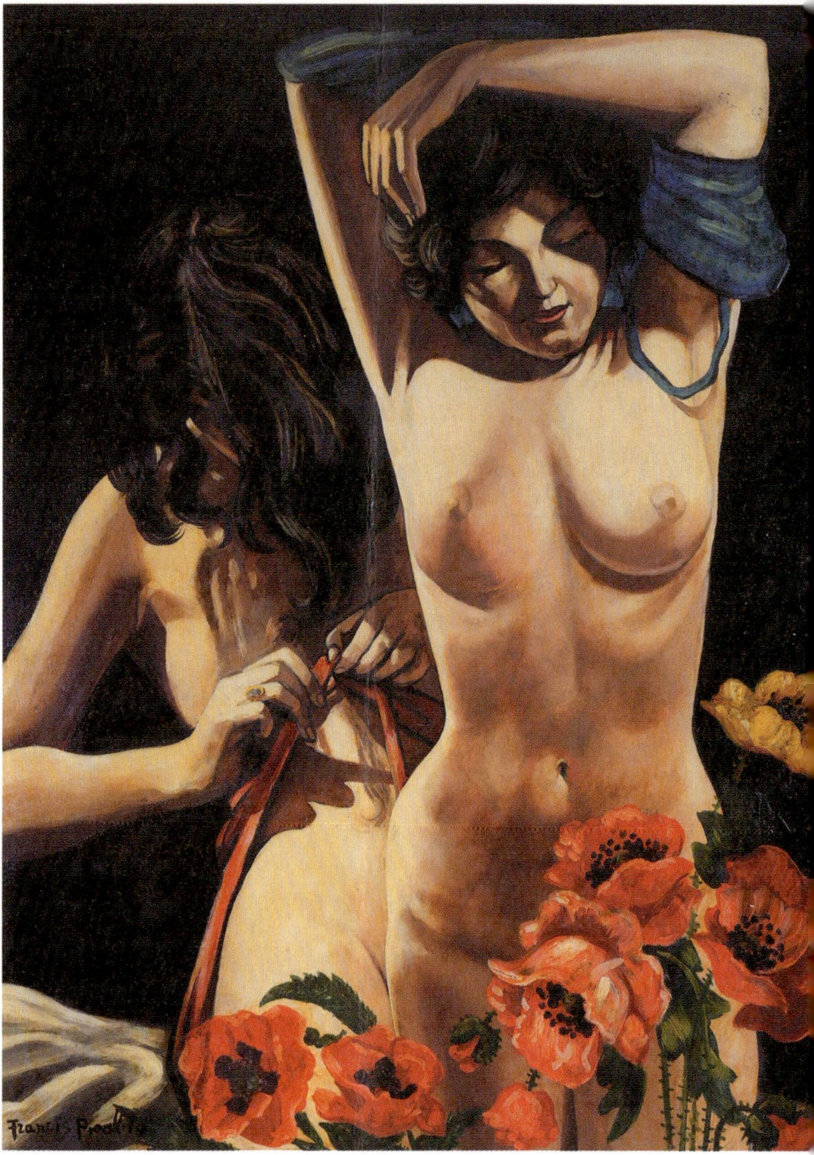

Deux Femmes aux pavots, 1942-1944

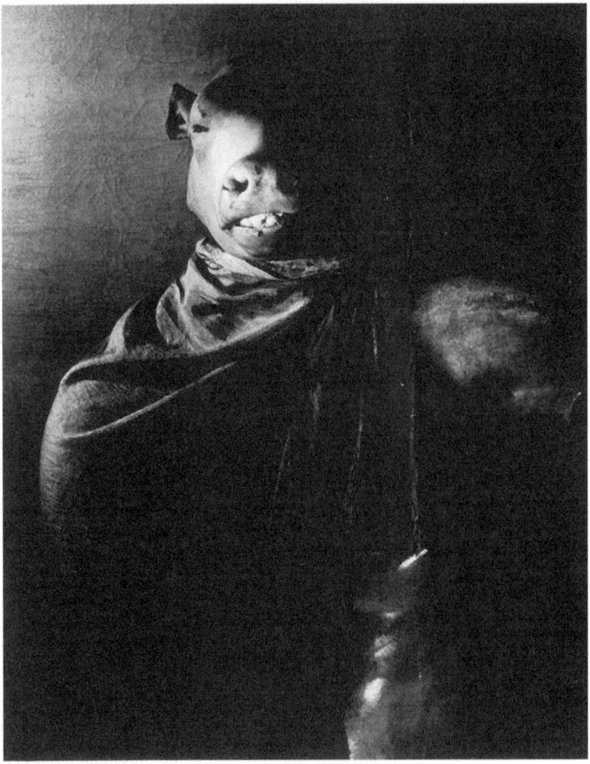

Picabia, qui n'a jamais fonctionné que par ruptures, ouvre son ultime série de tableaux figuratifs, la plus décriée, par une œuvre saisissante, *Adoration du veau*, mécaniquement copiée du photomontage de Erwin Blumenfeld intitulé *Minotaure* (ci-contre). Plus encore que la bête immonde qui ravage l'Europe, c'est le pessimisme le plus noir qui s'affiche dans ce procédé pictural désespéré, soumis plus que jamais aux injonctions de l'impact visuel sans égal de la photographie.

Minotaure, photomontage de Erwin Blumenfeld, 1938

Ultime embardée figurative

Tout à ses successifs *Horizon*, noms de baptême de ses yachts, Picabia n'a jamais voulu voir l'horizon politique s'assombrir. Affligé par la victoire du Front populaire en 1936 et déplorant la foi de ses concitoyens pour la Russie, Picabia applaudit en 1940 à la « jeunesse » du Maréchal, avant de cacher en 1944 un couple de peintres, Christine Boumeester et Henri Goetz, recherchés par la Gestapo. La dureté des temps l'a obligé à troquer sa voiture contre deux bicyclettes ! Si dès l'été 1940, Picabia se remet pourtant à la peinture, c'est pour s'appliquer à mettre en œuvre, mieux que jamais, son propre aphorisme : « Dans le mauvais goût de mon époque, je m'efforce d'aller plus loin qu'aucun autre. » Il y réussit à merveille !

PARIS PARIS PARIS PARIS PARIS PARIS PARIS PARIS

SEX·APPEAL

J'ai besoin de vivre couché sur de la poudre de riz parfumée et de voir des fesses portées par leur propriétaire dans des manteaux de zibeline.

La *Femme à l'idole* résulte de l'association d'une photographie érotique et d'une sculpture primitive, l'une et l'autre particulièrement caricaturales. Déjà une « transparence » de 1928 montrait comment derrière la référence à Botticelli ou à Piero della Francesca pouvait se cacher une carte postale licencieuse. La mécanique picturale exalte l'imagerie photographique la plus racoleuse dans une confrontation sans concession aux bonnes mœurs affichées par le régime de Vichy.

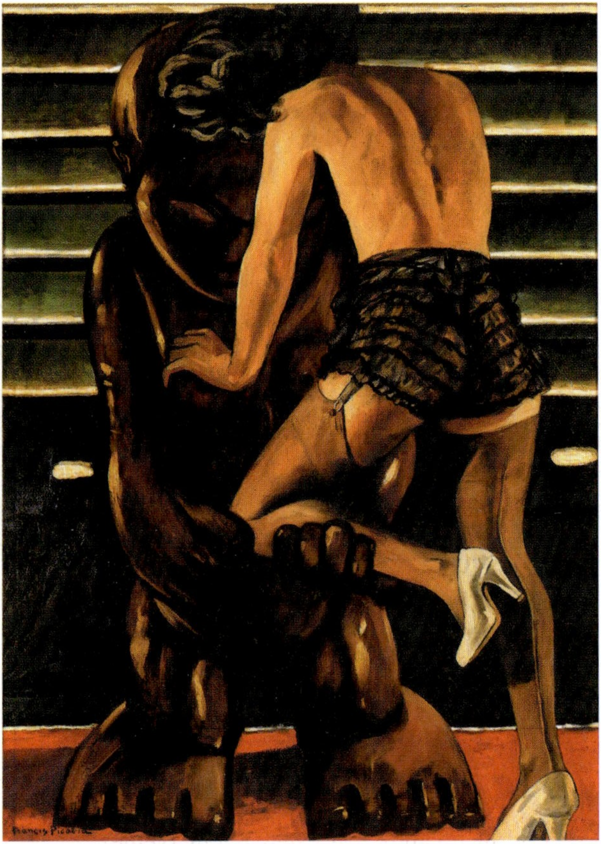

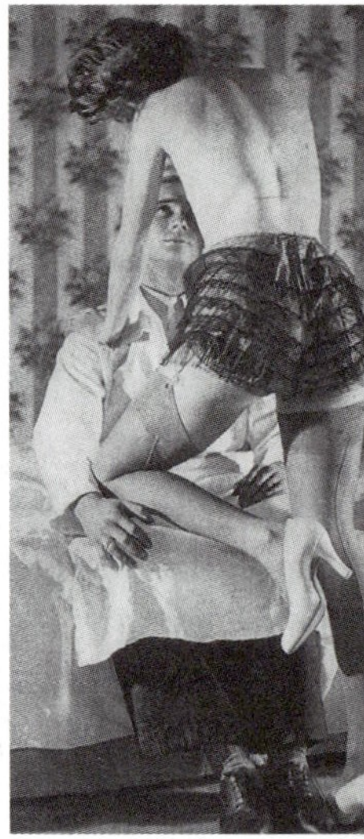

Femme à l'idole, 1940-1943, photographie publiée dans la revue *Mon Paris*, n° 15, janvier 1937

Nous étions nus au soleil, ici c'est la nuit partout .

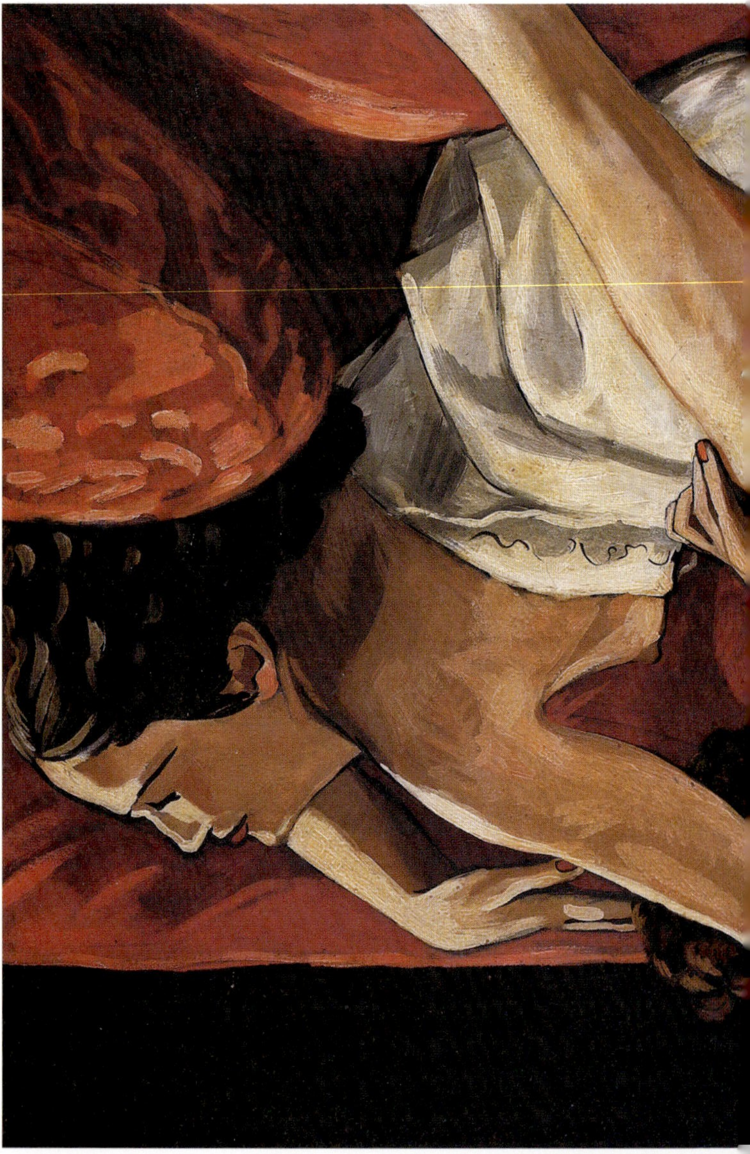

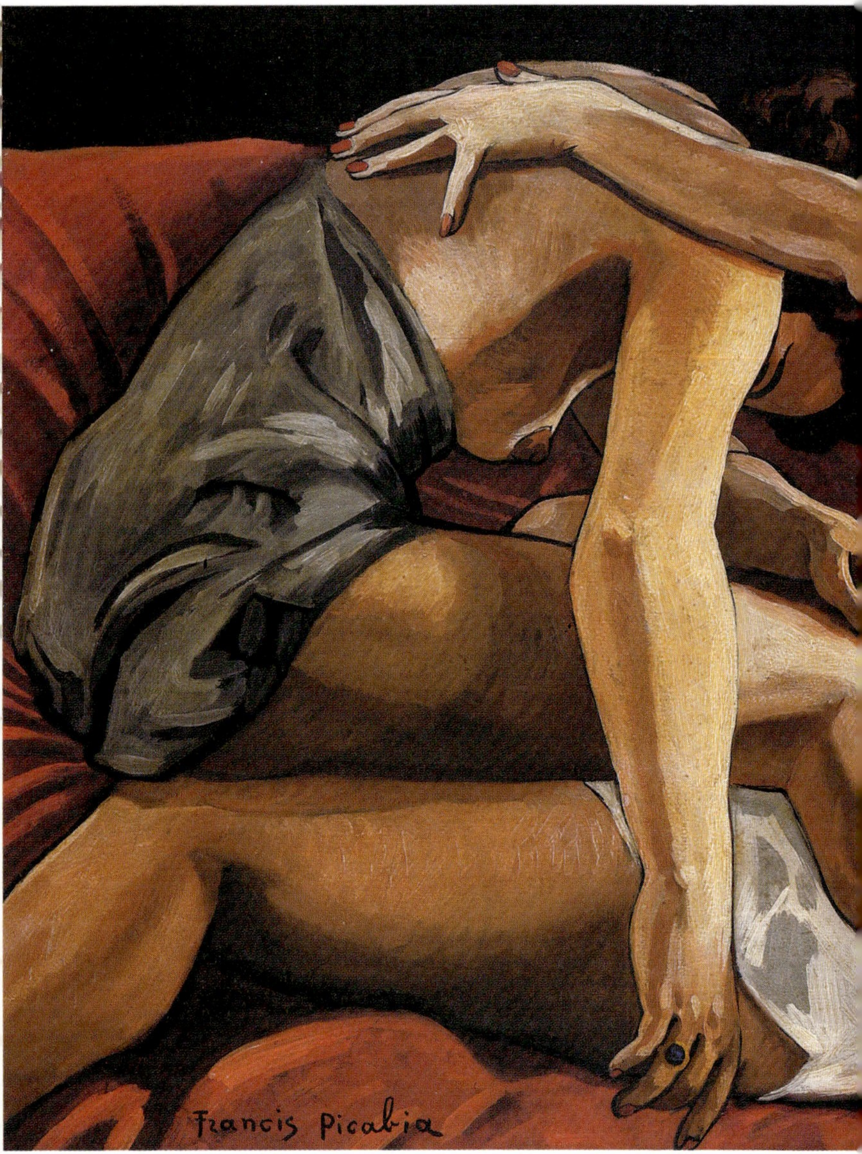

Deux amies, 1941-1942

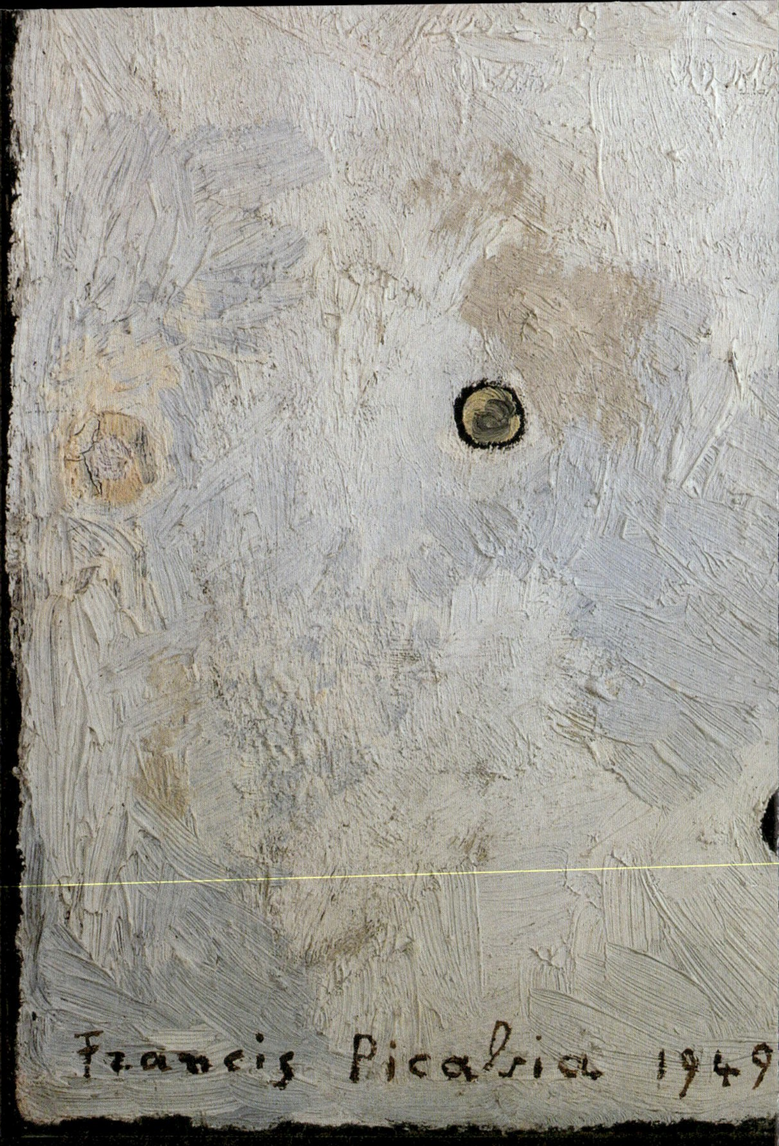

Lâcheté de la barbarie subtile (Carte à jouer), 1949

Je ne veux pas êt

Derniers éclats d'un brasier mal éteint

La guerre terminée, le peintre réputé réactionnaire qui menait grand train avant d'épouser Olga, une « boche », a tout faux aux yeux de l'épuration. Victime de sa mauvaise réputation, il entre dans un long purgatoire dont même la mort ne parviendra pas à le faire sortir. Comme lors des années 1930 où cohabitaient « tableaux de poche » abstraits et peintures figuratives, Picabia reprend sa navigation à la godille, entre deux rives, comme à l'aveugle, fier d'être un « sauvage », plus que jamais lecteur assidu de Nietzsche. En guise de « point final », la peinture est mise à nu, retrouve les collants des célibataires de *Relâche* pour que ne restent que quelques points de suspension, sur une matière vivante.

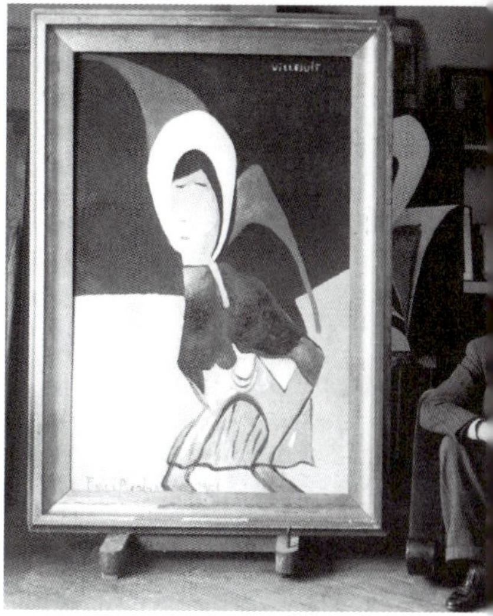

Francis Picabia dans son domicile-atelier à Paris en 1950

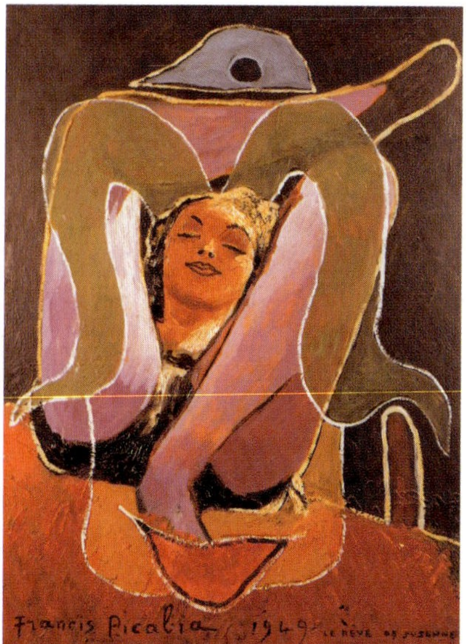

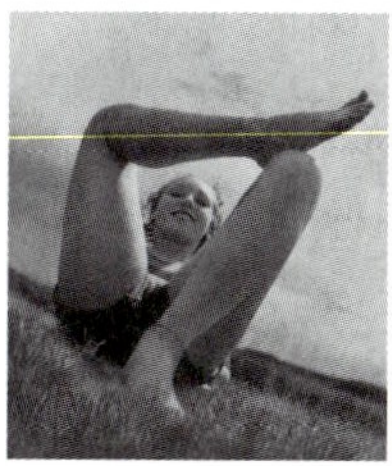

Le Rêve de Suzanne, 1949, et *Paris Magazine*, septembre 1935

Il était pareil
à un fougueux
coutelier, avec
son assortiment
qui jetait
des éclairs.

René Char

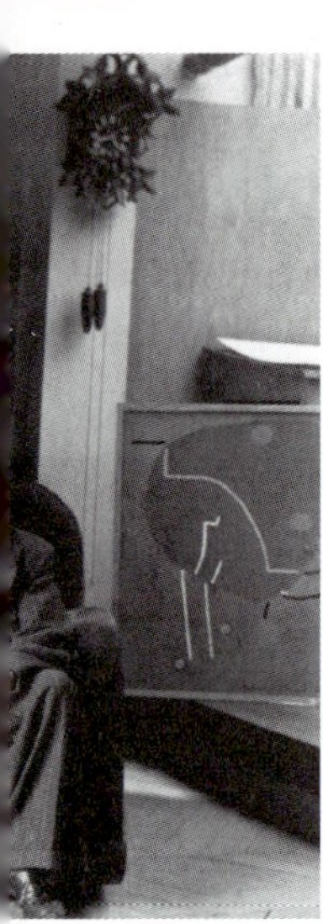

La clé de voûte de cette œuvre, c'est le désir de Picabia de la compromettre constamment, de la détruire, de la recréer, de disposer ses propres pièges pour la faire trébucher et la maintenir en éveil, de la mettre sans cesse en question pour qu'elle ne s'endorme pas.

Eduardo Arroyo, 1986

Bal nègre, 1947

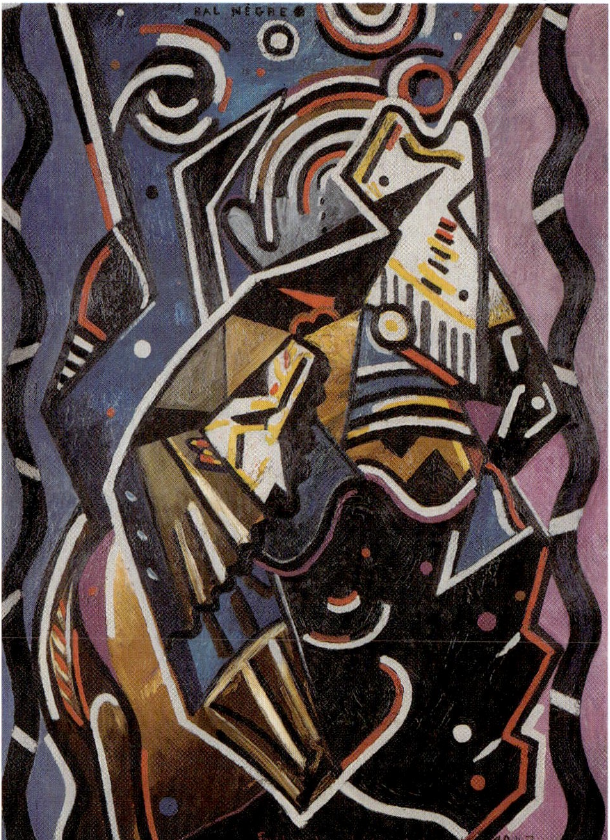

De l'usage récurrent
le la photographie
ux formes primitives
enues d'Afrique
ou de la préhistoire,
en passant par des
elleités de figurations
symbolistes, Picabia,
bout de forces,
continue sa lutte
vec la peinture,
a maintenant tour
tour par les cornes
et par la magie.
Le passeur intempestif
n'avoue pas d'autres
mbitions que d'être
« un homme stérile
pour les autres » quand
« tout tableau doit être
bsurde et inutile ».

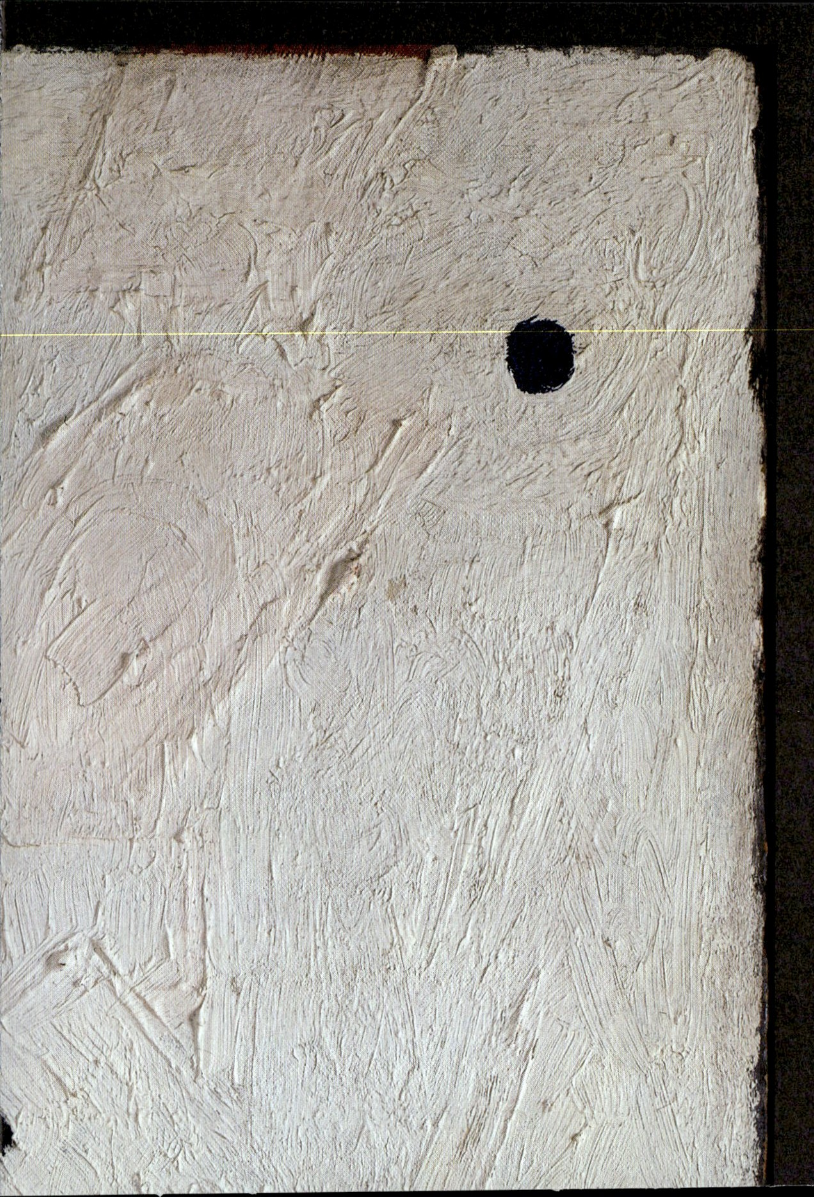

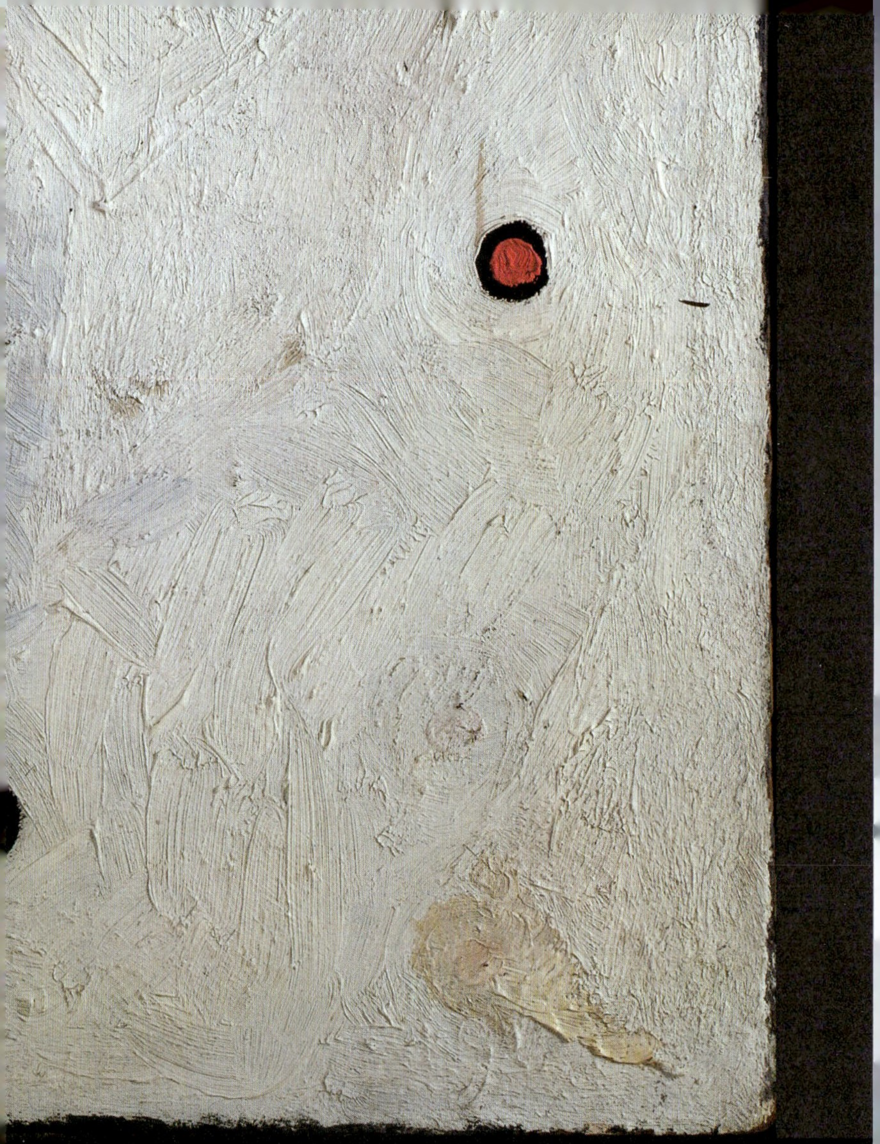

pour un artiste.

Sauf mention contraire, les citations présentes dans ce livre sont de Picabia.

Tables des illustrations

Couverture
Dresseur d'animaux, 1923, Ripolin sur toile, 250 x 200 cm. Centre Pompidou/ Musée national d'Art moderne/ CCI, Paris. Photo CNAC-MNAM, distribution RMN.

Pages de garde
Tract distribué par Picabia au Salon d'Automne, Paris, 1921. Photo Bibliothèque Kandinsky, Centre de documentation et de recherche du MNAM, centre Pompidou, Paris.
Portrait de l'auteur par lui-même, frontispice de *Unique Eunuque*, Éditions Au Sans Pareil, Paris, 1920.

À la manière de…
Page simple
Effet de soleil sur les bords du Loing, Moret, 1905, huile sur toile, 73,6 x 91,5 cm. Philadelphia Museum of Art, Philadelphie.
Picabia, Gabrielle Buffet et Apollinaire à Luna Park, Paris, 1913. Archives Snark/Oasis.
Saint-Tropez vu de la citadelle, 1909, huile sur toile, 73,2 x 92,2 cm. Musée de l'Annonciade, Saint-Tropez.
Catalogue de l'exposition *Picabia*, galerie Georges Petit, Paris, 1909.
L'Église de Montigny, effet de soleil, catalogue de l'exposition *Picabia*, galerie Georges Petit, Paris, 1909.
Picabia dans son atelier avenue Charles-Floquet, Paris, 1911-1912. Photo Bibliothèque Kandinsky, Centre de documentation et de recherche du MNAM, centre Pompidou, Paris.
Page double
Adam et Eve, 1911, huile sur toile, 100 x 81 cm. Coll. part. Photo Paris Musées, Karin Maucotel.
Danses à la source I, 1912, huile sur toile, 120,6 x 120,6 cm. Philadelphia Museum of Art, Philadelphie.
Udnie, 1913, huile sur toile, 290 x 300 cm. Centre Pompidou/ Musée national d'Art moderne/ CCI, Paris. Photo CNAC-MNAM, distribution RMN.

Dada, pied au plancher
Page simple
Picabia et Tristan Tzara, Paris, 1920. Claremont, Californie. Francis Bacom Foundation. Archives Snark/Oasis.
Francis Picabia et *Danse de Saint-Guy,* Paris, Salon d'Automne, 1922. Bibliothèque littéraire Jacques-Doucet, Paris. Photo Bibliothèque Kandinsky, Centre de documentation et de recherche du MNAM, centre Pompidou, Paris.
Marcel Duchamp, Francis Picabia et Béatrice Wood, New York, 1917. National Gallery, Londres. Archives Snark/Oasis.
Couverture de la revue *291*, « Ici, c'est ici Stieglitz, foi et amour », n° 5-6, juillet-août 1915. Musée d'Orsay, Paris. Photo RMN-P. Schmidt.
Fête Dada, Paris, hiver 1919-1920. De droite à gauche, 1er rang : Germaine Everling, Casella, Tzara; 2e rang : Ribemont-Dessaignes, Picabia, Auric. Archives Snark/Oasis.
Page double
Machine tournez-vite, 1916-1918, gouache et peinture métallique sur papier marouflé sur toile, 49,6 x 32,7 cm. National Gallery of Art, Washington.
Gabrielle Buffet, elle corrige les mœurs en riant, 1915, encre, aquarelle et crayon de graphite sur carton, 58,5 x 46,8 cm. Staatsgalerie, Stuttgart.
L'Œil cacodylate, 1921, huile et papier sur toile, 146 x 114 cm. Centre Pompidou/ Musée national d'Art moderne/ CCI, Paris. Photo CNAC-MNAM, distribution RMN.
Très rare tableau sur la terre, 1915, huile, peinture métallique, bois doré et argenté collé sur carton, 115 x 86,3 cm. The Peggy Guggenheim Collection, Venise.

Barcelone 1922, le rendez-vous manqué
Page simple
Francis Picabia au volant de son automobile, 1922. Archives Snark/Oasis.
Vue de l'exposition *Picabia* à la galerie Dalmau, Barcelone, 1922. Photo D. R.
Catalogue de l'exposition *Picabia*, galerie Dalmau, Barcelone, 1922. Photo Bibliothèque Kandinsky, Centre de documentation et de recherche du MNAM, centre Pompidou, Paris.
Espagnole, vers 1923-1927, crayon, encre et aquarelle sur papier, 61 x 43 cm. Courtesy Galerie Hauser & Wirth, Zurich.
Page double
Volucelle I, 1922, Ripolin sur toile, 198,5 x 249 cm. Coll. part., D.R.
La Feuille de vigne, 1922, Ripolin sur toile, 198 x 158 cm. The Tate Gallery, Londres. © Tate, Londres, 2002.
Dresseur d'animaux, 1923, Ripolin sur toile, 250 x 200 cm. Centre Pompidou/ Musée national d'Art moderne/ CCI, Paris. Photo CNAC-MNAM, distribution RMN.
Chariot, vers 1922-1923, aquarelle, encre et crayon sur papier, 60 x 71 cm. Clodagh et Leslie Waddington.

Relâche, entr'acte
Page simple
Scène du ballet *Relâche*, 1924. Musée d'Art moderne de la Ville de Paris. Photo Isabey, Paris.
Tournage du film *Entr'acte*, 1924. Photo Bibliothèque Kandinsky, Centre de documentation et de recherche du MNAM, centre Pompidou, Paris.
Maquette du rideau de scène de *Relâche*, 1924, encre et aquarelle sur papier, 32 x 50 cm. Dansmuseet, Stockholm.
Maquette de costume (figure féminine) pour *Relâche*, 1924, encre sur papier, 19 x 15 cm. Dansmuseet, Stockholm.

EST UN
N'EST
N'EST
EST UN
EST UN
EST UN
FRAN